RÜDIGER DAHLKE
Die Psychologie des Geldes

Buch

Geld wird von vielen Menschen – solchen, die es haben, ebenso wie solchen, die es nicht haben – für die bedeutendste Sache in ihrem Leben angesehen. Dabei ist das, was selbst Geld-Fachleute, Betriebswirte oder Banker, über die Bedeutung des Geldes wissen, meist recht dürftig und einseitig. Stimmt es denn wirklich, dass Zeit Geld ist? Welche Macht hat Geld überhaupt? Nach welchen Gesetzen funktioniert Reichtum? Geld hat in unserer Gesellschaft eine Eigendynamik entwickelt und fördert eine Lebensweise, die krank macht. Kaum jemand fragt sich, ob mehr Geld auch mehr Wohlbefinden mit sich bringt. Ruediger Dahlke deckt die psychologischen Hintergründe unseres Umgangs mit Geld auf und rückt unsere Vorurteile und falschen Glaubenssätze zurecht. Unterhaltsam und mit vielen anschaulichen Beispielen schafft Dahlke ein neues Geld-Bewusstsein – die entscheidende Bedingung, um mit Geld geschickt und konstruktiv umzugehen und dabei wirkliche Fülle zu erleben.

Autor

Dr. med. Ruediger Dahlke, Jahrgang 1951, studierte Medizin in München und bildete sich zum Arzt für Naturheilweisen und Psychotherapie fort. Von 1978 bis 2003 war er als Psychotherapeut tätig, 1989 gründete er zusammen mit seiner Frau Margit das Heil-Kunde-Zentrum Johanniskirchen. Heute ist er als Fastenarzt, Seminarleiter und Vortragender international tätig. Seine Bücher zur Psychosomatik unter Einbezug spiritueller Themen sind Bestseller und liegen in 22 Sprachen vor.

Von Ruediger Dahlke sind bei Goldmann außerdem erschienen:

Die Lebensprinzipien (33893)
Herz(ens)probleme (21952)
Das Raucherbuch (21954)
Das Schattenprinzip (33881)
Die Schicksalsgesetze (33856)
Krankheit als Weg (21558)
Das große Buch vom Fasten (219025)
Krankheit als Sprache der Seele (21813)
Das Gesetz der Anziehung (33832)
Das Bewusstseinsfeld (33835)
Das Gesetz der Polarität (33833)

sowie zahlreiche Audio-CDs mit Heilmeditationen.

Ruediger Dahlke

Die Psychologie des Geldes

Erfolgreicher und glücklicher
mithilfe der Lebensgesetze

GOLDMANN

Die Originalausgabe erschien 2008 bei Nymphenburger, München.

Verlagsgruppe Random House FSC-DEU-0100
Das für dieses Buch verwendete FSC-zertifizierte Papier
München Super liefert Arctic Paper Mochenwangen GmbH.

1. Auflage

Vollständige Taschenbuchausgabe Oktober 2011
© 2011 Wilhelm Goldmann Verlag, München,
in der Verlagsgruppe Random House GmbH
© 2008 Nymphenburger in der F.A. Herbig Verlagsbuchhandlung
GmbH, München.
Umschlaggestaltung: UNO Werbeagentur, München
Umschlagmotiv: FinePic®, München
Lektorat: Sabine Jaenicke
SB · Herstellung: cb
Satz: EDV-Fotosatz Huber/Verlagsservice G. Pfeifer, Germering
Druck: GGP Media GmbH, Pößneck
Printed in Germany
ISBN 978-3-442-21953-7

www.goldmann-verlag.de

Inhalt

Geld oder Leben? 7

Gebrauchsanweisung für dieses Buch 17

Die eigenen Glaubenssätze entlarven 21

Die Macht des Geldes 27

Das Resonanzgesetz 43

Das Polaritätsgesetz 51

Die Geldkurve 67

Zeit = Geld = Zeit? 77

Die Qualität des Geldes 97

Geld und Gefühle 101

Die Macht von Erbschaften 113

Geldverhalten und Verdauung 121

Die 12 menschlichen Archetypen 133

Spekulationen und Zinseszins 147

Immobilien- und Börsenspiele 163

Auswege für überflüssiges Geld 171

Tipps zum Umgang mit Geld und Leben 175

Nachwort von Charlie Chaplin 183

Veröffentlichungen von Ruediger Dahlke 185

Dank 187

Adressen 188

Register 189

Geld oder Leben?

*»Was bedeutet schon Geld? Ein Mensch
ist erfolgreich, wenn er zwischen Aufstehen
und Schlafengehen das tut, was ihm gefällt.«
Robert Allen Zimmermann, alias Bob Dylan*

Das Thema Geld hat immer auch mit unserer Seele zu tun, was in unserer Gesellschaft viel zu wenig bis keine Beachtung findet. Mit diesem Buch kann jede(r) für sich persönlich klären, wie er oder sie mit Geld umgeht und was akut und was langfristig zu verbessern ist.

Schlimmstenfalls stimmt der Satz eines Freundes, der sehr krass formulierte: »Wir kaufen uns Dinge, die wir nicht brauchen, mit Geld, das wir nicht haben, um vor Leuten zu protzen, die wir nicht mögen.«

Von dieser miserablen Position aus ist es sehr leicht, sehr vieles sehr viel besser zu machen. Vielleicht schon, wenn Sie sich einmal bewusst machen, inwieweit Forderungen nach Realitätssinn und Verantwortung Sie von dem abgebracht haben, was Sie eigentlich wollten. Sollten Sie vielleicht einfach manchmal ein bisschen weniger realistisch und verantwortungsbewusst im gutbürgerlichen Sinn sein?

Vielleicht sollten wir auch gar nicht so oft fragen: Rentiert sich das oder nicht? Sondern stattdessen – unserer Fantasie freien Lauf lassend – Ideen entwickeln, uns von äußeren und inneren Bildern anregen lassen, viel mehr in das reiche Reservoir unserer Seelenbilderwelt eintauchen und daraus Visionen finden und in die äußere Welt mitbringen, um auch dort in Fülle zu leben.

Der Schweizer Ueli Prager sah den Möwen zu, wie sie hier und dort Brosamen aufpickten, und ließ sich davon ansprechen. Schenkten ihm nun die Möwen die Häppchen-Idee, oder hat er sie ihnen abgeschaut? Jedenfalls machte er aus nichts und diesem Augenblick den Weltkonzern Mövenpick.

Die Geschichten hinter den Erfolgsgeschichten sind meist von Offenheit, Mut, Entwicklungen und Visionen geprägt. Sie erzählen von Menschen, die dem, was sie als Auftrag empfanden oder als Sehnsucht spürten, als Berufung und Ruf in ihrem Innern hörten, gegen alle Widerstände treu blieben und die den Mut (oder die Blauäugigkeit) hatten, gegen alle Anfechtungen und Ratschläge der ewigen Bedenkenträger ihren eigenen Weg zu gehen. So haben sie es dann auch zu einem Leben in Fülle und Wohlstand gebracht. Sie folgten ihrer Vision, ihrem Traum und glaubten daran und an sich, und darauf folgte der Erfolg, der Reichtum mit sich brachte. Die Sprache sagt es sehr differenziert und deutlich: Reichtum wird mitgebracht. Und es sind meist »nur« wenige immaterielle Aspekte, die auch Lieschen Müller und Otto Normalverbraucher vom Erfolg trennen. Die Umsetzung folgt der wirklich guten Idee oft wie von selbst.

Wir müssen uns nicht zum Erfolg peitschen oder die Sporen geben, sondern könnten es leichter angehen lassen. Statt Geld mühsam dienend zu «verdienen», könnten wir es auch einfach frohen Herzens »gewinnen« wie Italiener und Franzosen (ital.: »guadagnare denaro«, franz.: »gagner de l'argent«). Die ganze Last des Geldverdienens kann in Leichtigkeit verwandelt werden, wenn Sie sich klarmachen, dass die Regeln und Beschränkungen in der Regel von Ihnen selbst fabriziert sind.

Was würden Sie tun, wenn Sie plötzlich eine Million Euro hätten? Diese berühmte Frage wurde einmal auch dem Bankier Hermann Josef Abs gestellt, und er antwortete spontan: »Da müsste ich mich sehr einschränken.« Alles ist relativ, und das gilt natürlich auch für Geld. Nicht die absolute Geldmenge ist entscheidend, sondern die innere Haltung dazu. Wer hohe Ansprüche hat und ein geringes Einkommen, wird sich unglücklich fühlen. Wer geringe Ansprüche hat und ein höheres Einkommen, wird zufrieden sein. Es ist aber auch gut möglich, dass Nummer 1 mehr Geld verdient als Nummer 2 und Nummer 2 trotzdem viel zufriedener ist. Wir entscheiden über unsere Zufriedenheit weitgehend selbst und dadurch, mit wem wir uns vergleichen.

Als Kind kam ich mit meiner Schwester aus der norddeutschen Großstadt in ein bayrisches Dorf. Wir bekamen im Gegensatz zu den Bauernkindern viel Geld. Das aber machte uns nicht froh, sondern wir waren regelrecht wütend, weil unsere beiden jüngeren Halbgeschwister aus der neuen Ehe unserer Mutter mehr bekamen als wir beiden älteren. Anstatt uns mit den Dorfkindern zu vergleichen und uns bevorzugt und wundervoll zu fühlen, schielten wir lieber zu den jüngeren Geschwistern und entschieden uns unbewusst für das miserable, neidische Gefühl des Zurückgesetztseins. Das machen offenbar sehr viele Menschen.

Diese pessimistische Haltung lässt sich jedoch in eine lebensbejahendere umwandeln, darum geht es u.a. in diesem Buch.

Nun gibt es auf diesem Planeten unendlich viele Orte mit unendlich vielen verschiedenen Geldniveaus. Wer in Zürich mit seinem Geldvorrat arm ist, kann in Bali noch immer reich sein. Wer 5.000 Euro zusammenbringt, kann sich in vielen Teilen der Welt ein sehr schönes Leben machen, nur vielleicht nicht ausgerechnet dort, wo er aufgewachsen ist. Selbst eine kleine Rente kann in anderen Teilen der Welt ein stattliches Einkommen darstellen. Es ist lediglich eine Frage der Flexibilität und der Einstellung, wie reich wir uns fühlen wollen. Rechnerisch ist es also viel leichter möglich, als die meisten denken, sich an anderen Orten ein reicheres Leben zu machen. Nur sollte man nicht vergessen, dass man sich immer mit all seinen Problemen mitnimmt. Das eigene Armutsbewusstsein reist so ebenfalls immer mit und erklärt viele gescheiterte Auswanderungsversuche. Innere Probleme lösen sich nur selten durch äußere Ortswechsel, aber häufig durch inneren Wandel und entsprechendes Umdenken.

Ähnliches gilt für Investitionen. Es gibt unzählige Möglichkeiten, die jeweils unzählige verschiedene Lebensgefühle auslösen. Die angenehmste Geldanlage für die Seele ist sicher dort gegeben, wo Menschen daran Freude haben – warum nicht auch man selbst ab und zu? Was immer Sie in die Entwicklung Ihrer eigenen und der Seele anderer investieren, ist absolut krisensicher und sogar noch garantiert über den Tod hinaus bestens angelegt. Also wären Urlaube und Entwicklungsprojekte für die Seele und die eigene Familie eine ideale Anlage. Die beste Altersvorsorge ist sowieso, es zu schaffen, bis dahin immer noch ein glücklicher Mensch zu sein oder es gegebenenfalls wieder zu werden. Denn davon hängt vor allem ab, wie sich die Rentenzeit gestaltet. Wenn auf dem Grabstein stehen könnte: »Sie lebte noch, als sie starb!« wäre das Optimum erreicht.

Natürlich sollte das Geld auch reichen, aber dafür muss man noch nicht reich sein ... dafür ist es jedoch zum Beispiel wichtig, dass man eine Arbeit hat, die Freude macht und einen erfüllt. Das wird auch am ehesten ein entsprechendes Ent*gelt* gewährleisten und von Erfolg gefolgt sein. Wer aus Freude arbeitet, dessen Geld braucht weniger zu arbeiten und kann mehr Freude machen. Sein Vermögen kann man jederzeit verlieren, doch nicht das Vermögen der eigenen Seele, mit dem Leben und seinen Aufgaben fertig zu werden.

> »Klopft die Angst an die Tür.
> Das Vertrauen öffnet.
> Niemand steht draußen.«
> Chinesisches Sprichwort

Reichtum und Armut sind relativ

Ein von mir geschätzter spiritueller Lehrer ist Mitglied eines katholischen Ordens. Er lebt besitzlos, hat also gar kein Geld, abgesehen von ein wenig Taschengeld für den täglichen Kleinkram. Die meiste Zeit über wirkt er ausgesprochen glücklich und führt ein kontemplatives Leben. Im Vergleich zu Otto Normalverbraucher mit seinen Arbeitsplatz-, Miet- und Versorgungsproblemen erspart er sich einiges, obwohl er nichts spart, was sein Glück wohl noch fördert. Er verdient ordentlich Geld, das er weitergibt, zahlt weder Steuern, noch kennt er entsprechende Prüfungen, und natürlich hat er auch keine Angst davor.

Selbstverständlich muss er in finanzieller Hinsicht niemals tricksen oder gar betrügen. Weit entfernt von Mode- oder Kleiderproblemen wechselt er seine immer gleichen Kutten. Frei von Frisurproblemen rasiert er sich einmal pro Woche den ganzen Kopf vom Scheitel bis zur Kinnspitze.

Damit ist er modisch seiner Zeit um Jahrzehnte voraus und lag in den letzten Jahren voll im Trend, der jedoch ohne Spuren an seinem eigenen Stil an ihm vorbeigehen wird.

Ich bin mir sicher, er ist in keiner Weise vom Geld besessen, besitzt kurzzeitig einiges, das er rasch wieder weggibt. Auf mich wirkt er glücklich. Geld kann ihm nichts anhaben, er will es nicht und braucht es nicht, geht ihm aber auch nicht aus dem Weg, sondern lenkt es an sich vorbei weiter zu denen, die es nötiger brauchen, und ansonsten in die immer aufnahmebereiten Kassen der großen Mutter Kirche, die ganz offenbar von Anfang an ein Geldthema hat, das ihn in keiner Weise zu tangieren scheint.

Ein sehr guter Freund ist sehr wohlhabend und besitzt viele Immobilien. Selbst wohnt er in der schönsten davon. Doch er ist keineswegs besessen vom Geld, sondern besitzt es und kann es leicht ausgeben und fließen lassen, etwa wenn er ökologische, künstlerische oder spirituelle Projekte unterstützt oder Erfindungen finanziert, wobei er sich dabei der Verantwortung, die damit einhergeht, sehr bewusst ist. Er kennt Geldprobleme von früher aus der Zeit, als er seine Baufirma aufbaute, und hat sie im selben Maße gelöst, wie er dieselben universellen Gesetze verstand, um die es hier geht, und spirituelle Fortschritte machte. Heute spielt er mit seinem Geld in eigenverantwortlicher Weise und baut nur noch Projekte, die seine und die Seelen seiner Mitmenschen nähren. Um das Geldspiel mit Lust spielen zu können, braucht es »Spielgeld«, und das hat er. Dabei gehört er zu den wenigen Menschen, die Steuern zahlen, ohne zu murren oder auch nur mit der Wimper zu zucken. Da er sein Geld besitzt, erlaubt er ihm nicht, Macht über ihn oder sein Leben zu bekommen, und zieht zum Beispiel nicht in Gegenden, wo er weniger Steuern zahlen müsste, sondern sucht sich generell die Plätze auf der Welt, die er genießen will, nicht nach finanziellen Gesichtspunkten aus.

Ich hoffe und glaube, er ist glücklich, jedenfalls ist er unabhängig vom Geld, weil er genug davon besitzt, ohne von ihm besessen zu sein.

Zu all dem Geld ist er – wie nicht wenige Wohlhabende – gekommen, weil er seine Träume gelebt und nicht sein Leben verträumt hat. Inhaltliche Anliegen und Visionen leiteten ihn mehr als die Sehnsucht nach finanziellem Erfolg. Ein gutes Selbstbewusstsein hat ihn unterstützt und ihm alle möglichen Zweifel am eigenen Schaffen erspart. Da Geld nicht primär war, kam der Erfolg eher als Folge und Begleiterscheinung konsequenten mutigen Einsatzes. Ein weiteres Geheimnis seines »Erfolges« teilt er mit dem »armen« Mönch auf dem Gegenpol: eine große anhaltende Dankbarkeit gegenüber der Schöpfung. Insofern sind beide eigentlich reich – Geld spielt dabei eine eher untergeordnete Rolle, die spirituelle Suche nach Einheit steht an erster Stelle.

Gedankenspiel zum Einstieg

Ein Lehrer stellte eine große Vase auf den Tisch vor seine Schüler und füllte sie mit Tennisbällen bis zum Rand. Dann fragte er die Schüler: »Ist die Vase voll?« Als sie das bestätigten, weil sie sich von gar nicht gegebenen Vorgaben einschränken ließen, schüttete der Lehrer noch jede Menge Murmeln zwischen die Bälle, und als alle Zwischenräume und die Vase bis zum Rand voll waren, fragte er wieder: »Ist die Vase nun voll?« Die vorsichtiger gewordenen Schüler bestätigten das zögernd.

Da holte der Lehrer einen Eimer voll Sand und ließ ihn vorsichtig in die Vase rieseln, bis der Eimer leer und die Vase randvoll mit Sand war. »Ist die Vase nun voll?«, fragte der Lehrer und die Schüler, die sich in ihrer Denkfaulheit ertappt fühlten, überlegten, mussten es aber doch bestätigen. Da holte der Lehrer eine Weinflasche und ein Glas aus seiner Aktentasche und leerte noch ein Viertel Wein in die Vase.

Nun sagte er zu den schon etwas in ihrer geistigen Trägheit erschütterten Schülern: »Die Tennisbälle sind die großen Themen des Lebens wie Partnerschaft und Kinder, Familie, Beruf(ung) und Glück. Die Murmeln sind die kleinen Freuden des Lebens und Hobbys. Der Sand aber sind die täglichen Verpflichtungen, der alltägliche Kleinkram, der Sand im Getriebe des Lebens. Passt also auf, dass das Gefäß eures Lebens nicht mit Sand gefüllt ist, bevor ihr die Murmeln einfüllen könnt und für die Bälle keinen Platz mehr habt. Achtet auch darauf, dass nicht zu viele Murmeln zu früh hineingelangen, denn auch sie nehmen den Tennisbällen und großen Dingen des Lebens den Raum.«

»Und wofür steht der Wein?«, wollte ein Schüler wissen.

»Der bedeutet, dass ein Viertel Wein immer noch Platz hat im Leben!«

Gebrauchsanweisung
für dieses Buch

Damit dieses Buch für Sie nicht nur eine Lese-, sondern eine Lebenserfahrung wird, habe ich nach jedem Kapitel meditative Fragen angefügt. Wenn Sie sie einfach ignorieren, wird das eine eher theoretische Lektüre für Sie – da gäbe es ausführlichere und bessere Bücher. Wenn Sie sich jedoch auf diese Erfahrungsräume einlassen und die Theorie mit eigenen persönlichen Schritten und Erfahrungen begleiten, könnte dieses Buch Ihr Leben verändern, im Sinn einer Befreiung von alten Glaubenssätzen, verdrängten Emotionen und der Unkenntnis der Lebensgesetze hin in das weite offene Land des Lächelns und jener Spielregeln, die das Leben eben zu einem Spiel und phasenweise sogar zu einem Fest machen.

Dafür ist es gut, bei all diesen Ausflügen in die eigene Erfahrungswelt für eine ruhige ungestörte Atmosphäre zu sorgen.

- Hören Sie als Vorübung eine Entspannungs-CD, die Sie in tiefe Entspannung und mit der Zeit sogar in Trance führen wird, um sich dann auf die entsprechenden Fragen einzu-

lassen. Je länger Sie Zeit haben, desto besser, doch auch schon wenige Minuten sind ein Gewinn.
- Lassen Sie sich von jemand Vertrautem diese Fragen nach einer entsprechenden Entspannung vorlesen.
- Oder vergegenwärtigen Sie sich die Fragen vor der Entspannung, damit Sie Ihnen danach von selbst ins Bewusstsein kommen.
- Setzen oder legen Sie sich nun also entspannt hin, schließen die Augen und machen drei ganz bewusste Ausatemseufzer, bei denen Sie sich vorstellen, mit dem Loslassen der verbrauchten Atemluft auch gleich all die momentan spürbare Anspannung loszulassen.
- Hören oder stellen Sie sich nun die Frage.
- Nehmen Sie bei den Antworten immer den ersten Gedanken wahr und räumen ihm – getreu dem Motto: Im Anfang liegt alles – die ihm zukommende besondere Bedeutung ein.
- Sie können auch zuerst einmal einen eher intellektuellen Weg beschreiten und die Fragen schriftlich auf einem eigenen Blatt Papier für jeden Erfahrungskomplex beantworten. Auch dabei wäre es von großem Vorteil, wenn Sie immer sofort den ersten zu einer Frage aufsteigenden Gedanken zu Papier bringen würden.

Der einfachste Weg wäre, die zum Buch gehörige CD zum jeweiligen Thema aufzulegen und sie so zu programmieren, dass Sie immer
- die erste allgemeine Entspannung hören,

- dann den jeweiligen anstehenden Fragenkomplex zu dem Thema, bis zu dem Sie im Buch vorgestoßen sind,
- und anschließend noch den allgemeinen Schluss.

Wenn Sie dieses Buch in dieser Weise erleben, anstatt es nur durchzulesen, und wirklich ernst mit sich und diesem Programm machen, wird es Sie verändern, indem es Ihre Haltung zum Geld verändert. Es wird Sie dann auf Ihrem Weg zu sich selbst weiterbringen und Geld zu dem machen, was es von Anfang an war: ein Hilfsmittel auf dem Weg zur Einheit mit Gott und der Welt.

Die eigenen
Glaubenssätze entlarven

Viel modernes Unglück hat damit zu tun, dass wir die Regeln des Geldes von Anfang an nicht oder jedenfalls nicht richtig lernen. Wobei damit keine Schuldzuweisung verbunden ist, da unsere Eltern sie meist auch nicht kannten.

Schon bald bekamen wir vier Kinder aus einer nicht untypischen Bildungsbürgerfamilie gesagt, Geld sei schmutzig, was sich naturgemäß vor allem auf Münzen bezog. Für uns Kinder war es jedoch das einzig damals relevante Geld. Zum Glück erkannten wir alle vier recht bald, dass sich alles um diesen Schmutz drehte. Zwar wuschen wir uns brav die Hände, wenn wir Geld angefasst hatten, versuchten aber dennoch, möglichst viel davon in die Finger zu bekommen. Meine jüngere Schwester hat sogar einmal eine sehr frühkindliche Form von Geldwäsche erprobt und die Münzen einfach mit Seife behandelt. Aber Geldwäsche war schon damals umstritten und konnte das Problem nicht lösen.

Später lernten wir weiter, dass man über Geld nicht spricht, weil man es einfach hat. Das Dumme war, dass wir (Kinder) es eben nicht hatten und es uns schon von daher brennend interessierte. Noch dümmer war, dass auch meine Familie es gar nicht mehr hatte, sondern aus den Umschichtungen des Zweiten Weltkrieges als zweiter Sieger hervorgegangen war. Der ganze Besitz war im Osten, vor allem in der damals sogenannten DDR gelandet.

Obiger Satz sollte uns offenbar sagen, dass Geld etwas Minderes sei, über das zu reden die Zeit zu schade war für bessere Leute wie uns. Es zeigte sich aber in der neuen Zeit rasch, dass die wirklich »besseren Leute« auch genügend Geld hatten, um diesen Status aufrechtzuerhalten. Über etwas, was man nicht hatte, aber dringend brauchte, einfach nicht zu reden und folglich nicht nachzudenken, war schon damals eine ausgesprochen ungeschickte Strategie.

Zum Glück folgte ihr mein Vater auch gar nicht, sondern sorgte schnell dafür, dass wir wieder genug Geld bekamen. Er baute auf eine Resonanz zwischen seinen Fähigkeiten und den Bedürfnissen der deutschen Nachkriegsgesellschaft und wurde ein erfolgreicher Ingenieur. Sein Erfolg als Werksleiter hatte zur Folge, dass wir auch bald wieder zu den Bessergestellten gehörten und nicht über Geld zu reden brauchten, sondern es – in Maßen – ausgeben konnten, ohne großes Aufheben davon zu machen.

Ein bisschen wurde uns Kindern mit der Zeit dann doch noch vom Geldmysterium offenbart, nämlich, dass »bessere Leute« wie wir sich um Geld nicht kümmern mussten, weil sie wichtigere und höher stehende Gedanken verfolgten. Solche Menschen studierten Medizin oder Theologie und versuchten, eine möglichst gelungene Kopie von Albert Schweitzer zu werden, weshalb man zum Beispiel niemals als Erstes hätte Musik studieren dürfen, aber gern als Drittes.

Wenn man hingegen nur Direktor in einem Konzern wurde, wie mein Vater, und dabei ordentlich Geld verdiente, galt das noch recht wenig, weil eben das Geld damals so einen mittelmäßigen Ruf bei uns hatte.

Später wurden uns noch weitere Geldgeheimnisse eröffnet, nämlich, dass anständige Menschen (wie wir) immer genügend Geld hätten, wenn sie nur fleißig, ordentlich und vor allem strebsam arbeiteten. Auf diese Weise wurden uns die typisch deutschen Tugenden wie Engagement für das Gute, Redlichkeit, Pünktlichkeit, Verlässlichkeit, Ehrlichkeit und eben Strebsamkeit vermittelt. Nach dieser Wertevermittlung brauchte man uns nach der Schule gar nicht zu fragen, ob wir studieren wollten, sondern fragte gleich, was. Das Ergebnis gab dann meist der Strategie recht. Ich studierte nach anfänglichem Widerstreben Medizin und etwas Psychologie und später noch ein wenig Theologie.

Wahrscheinlich sind viele von Ihnen auf diese Weise zu fleißigen, ordentlichen Menschen erzogen worden. Bezüglich des Geldes und Ihres möglichen Wunsches, viel davon zu verdienen, haben Sie dann viel Zeit verloren. Denn es braucht Zeit, um herauszufinden, dass Ehrlichkeit wirklich kein schneller Weg mehr zu viel Geld ist, wenn sie es denn je war, im Gegenteil: Mit Verlässlichkeit, Pünktlichkeit und Arbeitsmoral lässt sich im späten Turbokapitalismus an der Geldfront kaum noch punkten. Berufe gar, die anderen helfen, wie Krankenschwester und Grundschullehrer, garantieren heute nicht mal mehr eine schöne Großstadtwohnung. Mit eigener redlicher und vielleicht sogar harter Arbeit zum Besten der Mitmenschen scheint im modernen Geldspiel kein Blumentopf mehr zu gewinnen zu sein. Trotzdem ist sie weiterhin empfehlenswert, wenn sich die Seele dazu gerufen und berufen fühlt, aber sicher nicht, um schnell viel Geld zu verdienen oder gar reich zu werden.

Ehrlichkeit ist dabei aber natürlich ganz unabhängig vom Geld. An ihm zeigt sich lediglich sehr deutlich, wie jemand charakterlich gepolt ist. Und langfristig ist der Ehrliche niemals der Dumme, dafür sorgen die Lebensgesetze. Allerdings mag es kurzfristig, wenn der Zeitrahmen sehr klein gewählt wird, so ausschauen. Wenn wir Lebensglück statt finanziellen Erfolg an erster Stelle sehen, währt ehrlich weiterhin am längsten.

Noch später, als ich längst den vorgezeichneten Spuren gefolgt war, hat mir mein Vater noch verraten, dass man zum Zwecke des Geldverdienens am besten andere für sich arbeiten lasse. Die Situation durchaus beklagend, hat er als Chef von einigen tausend Untergebenen darüber hinaus erkannt, dass die Zeiten immer unehrlicher würden. Weshalb er einen Aufstieg in den Vorstand für sich ablehnte, um sich den morgendlichen Blick in den Spiegel weiterhin leisten zu können, wie er sagte. Für sich hatte er herausgefunden, dass in dem Spiel, in dem wir alle stecken und er selbst an führender Stelle, die Reichen immer reicher und die Armen immer ärmer wurden. Er beklagte das und sah seine Aufgabe darin, sicherzustellen, dass wir wenigstens zu Ersteren gehörten. Damit wir uns darauf nichts einbildeten, legte er Wert darauf, dass wir weiter in einer Arbeitergegend wohnten und so taten, als gehörten wir doch eher zu Letzteren. Er brachte sich und damit uns in Resonanz zu einer gewissen Wohlhabenheit, vermied jedoch die Resonanz zu den Reichen, weil er offenbar befürchtete, das würde unserem Charakter schaden. Außerdem entsprach es auch keinesfalls seinen Werten.

Märchen wie das vom Hans im Glück verdeutlichen uns, dass innerer Reichtum viel wichtiger als äußerer ist. Obwohl Hans auf Grund seiner Gutgläubigkeit und Naivität nach und nach sein ganzes Vermögen verliert, ähnlich dem verlorenen Sohn aus dem Gleichnis der Bibel, wächst sein innerer Reichtum beständig. Er verwirklicht Glück wie der verlorene Sohn und findet, während er sein Geld verliert, das Himmelreich Gottes in sich. Beiden geht es nicht darum, Geld und Besitz zu vermehren, im Gegenteil, statt ihr Vermögen zu nutzen, um noch vermögender zu werden wie die meisten modernen Menschen, verwenden sie es, um (seelisch) fähiger zu werden und Erfahrungen zu machen, an denen ihre Seelen wachsen können.

Was wird jetzt wichtig und zum Zentrum Ihres Lebens?

Übung 1: Die eigenen Glaubenssätze

Tauchen Sie in einen inneren Raum der Entspannung und Stille, wie vorn beschrieben, ein und schauen sich nun einmal an, was Ihnen in Bezug auf Geld nahegebracht wurde:

- Mit welchen offenen oder geheimen Geldregeln bin ich aufgewachsen?
- Was habe ich davon durchschaut, was wirkt weiter?
- Was haben meine Eltern und Großeltern vom Geld gehabt?
- Was haben sie mir an Regeln vererbt?
- Bin ich bereit, darüber hinauszuwachsen und neue Regeln zu lernen? Meine eigene Wahrheit zu finden?

Übung 2: Fantasiereise

Gönnen Sie sich in der Entspannung einmal einen Ausflug in die Zukunft eines völlig erfüllten und entspannten Lebens, was äußeren Reichtum angeht. Tauchen Sie in die Fantasie eines reichen Lebens ein, in dem all Ihre Bedürfnisse erfüllt und Geben und Nehmen in einem lustvollen Gleichgewicht sind. Genießen Sie diese Balance und schauen Sie, welche anderen Themen in den Vordergrund treten, wenn die ökonomischen erfolgreich hinter Ihnen liegen.

Die Macht des Geldes

Obwohl sich in der modernen Gesellschaft alles ums Geld dreht, verstehen wir erstaunlich wenig davon, was dieses Buch ändern will. Tatsächlich ist es ein Markenzeichen moderner Gesellschaften, dass ihre Bürger die entscheidenden Regeln weder kennen noch verstehen – und das betrifft durchaus nicht nur die des Geldspiels. Diese Situation macht es den wenigen, die die Regeln kennen, leicht, über sie die Gesellschaft zu lenken. Und das meine ich keineswegs im Sinn einer Weltverschwörungstheorie. Niemand wird wohl dem Geld eigenen Willen und Absichten unterstellen, eher schon den Menschen, die es besitzen und von ihm besessen sind. Dass diese die alles beherrschenden Regeln oft als Geheimnis gehütet haben, mag verständlich sein, andererseits sind diese Regeln leicht nachvollziehbar und auf alle möglichen Ebenen unserer Existenz anzuwenden. Insofern wird dieses Buch lediglich die Geldebene benutzen, um sie zu verdeutlichen.

Ich glaube, das Geheimnis der Macht des Geldes liegt in der Faszination des Geldes selbst, in dessen altem Mysterium, das moderne Menschen alle anderen Mysterien vergessen ließ. Worin aber liegt dieses Mysterium? Heute ist Geld nur bedrucktes Papier oder eine Zahl auf dem Bildschirm. Das alte Geld verkörperte noch Wert und war noch aus richtigem Gold, Silber oder wenigstens Kupfer. Der holländische Gulden lässt die güldene Farbe noch durchscheinen, einige Länder kennen bis heute noch den Goldstandard und besitzen einen eigenen Goldschatz. Tatsächlich ist der Goldstandard aber fast überall in unserer Zeit verlassen worden, weil die Geschäfte der Politiker oder Nationen dafür zu wenig seriös wurden.

Gold galt in alter Zeit als Gott nahe und war das der Einheit zugeordnete Metall. Über goldene Monstranzen und Abendmahlkelche wollen Christen noch heute der Einheit beziehungsweise dem Heil(and) näherkommen.

Auch die Inkas sahen im Gold die Verkörperung Gottes, was sie das Leben kostete, weil die spanischen Conquistadores bereits profaner gold- und geldgierig waren. Moderne Menschen wollen über Geld, das das Gold abgelöst hat, zwar kaum noch der Einheit näherkommen, wobei die zwingend aus Gold bestehenden Eheringe auch noch die Assoziation damit beinhalten, sondern der Erfüllung all ihrer materiellen Wünsche. Aber auch wenn sie sich in Träumen von Luxus ergehen, schimmert auch da noch das Licht (lat.: lux, lucis) durch, das ursprünglich vor allem göttlich gedacht wurde.

Da die persönlichen Wünsche heute vielfach an erster Stelle rangieren, dreht sich alles ums Geld, das zum Ziel einer Art moderner Religion wurde. Wünsche erfüllen, den Lebensstandard erhöhen und sich das Glück kaufen, sind deren Ziele. Bewussteren Menschen dient es dazu, die Lebensqualität zu erhöhen und sich Zeit zu kaufen, um sich Entwicklungsprozesse zu leisten.

Die Alternativen zur ausschließlich am Geld orientierten Gesellschaft sind mittlerweile gering geworden. Im Kuba der greisen Castro-Brüder lernte ich einen Gynäkologen als Straßenmusikanten kennen. Saxophonspielen mache ihm mehr Spaß als Gynäkologie, und er verdiene dabei genauso schlecht, war seine einfache Erklärung. Geld spielt vordergründig in Kuba keine Rolle, weil es illegal ist, an richtiges mit entsprechendem Wert heranzukommen. Auf der gewaltigen Schattenseite der kubanischen Gesellschaft dreht sich dafür aber alles um jenes Geld, das kaum jemand hat und alle haben wollen und das vom »großen bösen Klassenfeind« jenseits des Meeres gedruckt wird.

In den Kibuzim Israels hat der ursprüngliche Sozialismus ebenfalls Sprünge bekommen und nicht wenige Gemeinschaften haben sich klammheimlich wieder davon verabschiedet – zugunsten individueller Leistungshonorierung und privatwirtschaftlicher Profite. Als der Idealismus der Gründer nachließ und die Ansprüche an den Lebensstandard stiegen, kam das persönliche Geld und gewann auch die Oberhand.

In der spirituellen Gemeinschaft Findhorns in Nordschottland lebte man drei Jahrzehnte auf der Basis einer Art spirituellen Sozialismus, was ziemlich genau so lange funktionierte, wie das Charisma von Eileen und Peter Caddy, den beiden Gründern, das trug. Dann holte der Kapitalismus die Gemeinschaft ein und feierte seine üblichen, für diese Gemeinschaft allerdings seltsamen Triumphe.

Noch länger halten die Anhänger von Sri Aurobindo und der Mutter in Auroville in Südindien durch. Sie feiern 2008 ihr 40-jähriges Jubiläum und leben immer noch auf einem Taschengeldniveau und fast freiwilliger Mitarbeit zusammen. Sie haben ihrer Gemeinschaft – im Matrimandir – ein wirklich eindrucksvolles Zentrum geschaffen, doch an ihren Rändern weist auch diese Gemeinschaft deutliche Zeichen der Erosion auf. Wer nur zwei Wochen in Auroville hineinschnuppert, kann überall die Macht des Geldes spüren, vor allem des nichtvorhandenen, und erleben, wie sich klammheimlich neue Machtstrukturen darum herum und um alte geldwerte Rechte bilden. Zum Glück hindert das Einzelne nicht, unabhängig vom Geld ihr Leben zu leben und, ohne sich an die Materie zu verkaufen, auf den Spuren ihrer Meister Befreiung zu suchen – in Auroville wie überall auf der Welt.

Über die Rolle des Geldes in den großen Religionen, die ja auch ursprünglich unabhängig davon gegründet wurden, braucht man sich heute keine Illusionen mehr zu machen. Weltweit habe ich die offenen Hände der Priester und Pfarrer, der Fakire und Medizinmänner, Mönche und Patriarchen erlebt, die für Geld zu vielem bereit waren, was die Stifter ihrer jeweiligen Religion wohl kaum im Auge hatten.

Die wenigen Orte also, wo Geld keine Rolle spielen sollte, erobert es aus dem Schatten des Unbewussten und dominiert so nicht weniger das gesellschaftliche Leben. Ähnlich wie zum Sklaven des Geldes kann man zum Sklaven des Geldmangels werden.

Das Dilemma der Geldbesessenheit liegt tief und geht so weit, dass in der bürgerlich-kapitalistischen Gesellschaft, jenem Erfolgsmodell, das sich weltweit durchgesetzt hat, generell nicht einmal der Anspruch besteht, die herrschenden Regeln zu verstehen. Selbst diejenigen, die diesen Gesellschaften vorstehen, agieren praktisch immer ohne Kenntnis der Lebensgesetze.

Der Verkehrsminister kann bei uns meist noch Auto fahren, aber schon der Wirtschaftsminister hat selten Wirtschaft studiert und der Gesundheitsminister praktisch niemals Medizin. Daran hat man sich gewöhnt, auch wenn die Ergebnisse erschütternd schlecht sind. Wären sie gut, müssten wir ja am Sinn unserer Universitäten zweifeln. Hin und wieder wagen engagierte Kanzler oder Premierminister eine parteienübergreifende sogenannte Expertenregierung. Meist ziehen sie jedoch das peinliche Polittheater mit parteigebundenen Laiendarstellern vor.

Kleine Kinder lehrt man noch die Regeln, bevor man mit ihnen »Mensch ärgere dich nicht« oder »Monopoly« spielt. Erwachsene haben diesen einfachen und wirksamen Zugang zu Spielen vergessen und tappen in der Regel ohne Regeln blind und deshalb nicht selten jammernd durchs

Leben. Sie versuchen, das Spiel ihres Lebens ohne die geringsten Kenntnisse der wirkenden Gesetze auf die Reihe zu bekommen, was kaum glücken kann. Ohne Wissen um Polarität und Resonanz, das Wirken von Feldern und Ritualen, ist diese Welt nicht zu verstehen und Erfolg im Leben kaum zu erreichen.

Ganz anders Sportler wie etwa Fußballer, die die Regeln ihres Spieles vorher lernen und natürlich wissen, dass in der Pause die Seiten gewechselt werden und was »Abseits« ist. Im Leben wissen die wenigsten, dass in den Wechseljahren der Lebensmitte ebenfalls ein Wechsel ansteht, auch wenn sie noch so oft davon reden. Sie spielen einfach weiter in dieselbe Richtung und schießen in der zweiten Lebenshälfte nur noch Eigentore[1]. Noch mehr Menschen spielen aus Abseitspositionen, ohne es zu bemerken. Wenn dann ihre Tore beziehungsweise Leistungen nicht anerkannt werden, fangen sie an, statt die Regeln zu lernen, zu projizieren und schimpfen auf den Schiedsrichter. Im Leben heißen die Schiedsrichter Chefs, Politiker, Unternehmer, Ärzte, Journalisten oder besonders gern auch Ehepartner. Das Ausmaß des Projizierens in Gestalt des Schimpfens und Jammerns ist ein Maß für das Unverständnis bezüglich der herrschenden Regeln. Je mehr jemand klagt, desto weniger hat er in der Regel von den Regeln begriffen.

---

[1] *Ruediger Dahlke: »Lebenskrisen als Entwicklungschance«, München 1999*

Die grundlegenden Regeln des Geldspiels im Sinne von Polarität und Resonanz lernen erstaunlicherweise nicht einmal die Absolventen von Betriebswirtschaftsstudien oder Banklehren. Das hat wieder vor allem damit zu tun, dass in der modernen Gesellschaft die grundsätzlichen Regeln der Wirklichkeit weitgehend unbekannt sind und nur selten und dann bruchstückhaft ans Licht kommen. Das will dieses Buch – vor allem in Hinblick auf das Geldspiel – ändern. Dieser Anspruch mag hoch sein, ist jedoch relativ leicht zu verwirklichen, denn die Regeln sind gar nicht so schwer zu verstehen. Dass sie so weitgehend unbekannt bleiben konnten, ist die eigentliche Sensation unserer Welt.

Übung 3: Die Regeln des Geldspiels

- Wie weit glaube ich die Regeln in meinem Lebensbereich zu kennen?
- Spiele ich Spiele, deren Regeln ich nicht wirklich beherrsche, und wie fühle ich mich dabei? Was kommt dabei heraus?
- Halte ich die Regeln, die ich kenne, wie die des Verkehrs, ein? Und warum nicht?
- Kenne ich den Jammerlappen in mir? Wann zeigt er sich (besonders)?
- Neige ich dazu, andere schuldig zu sprechen und das Elend aus meinem Missverstehen der Lebensregeln auf andere zu projizieren? Oder: Was halte ich von Politikern, Journalisten, meinen Chefs, Lehrern und Ärzten im Hinblick auf meine Situation und, rückwirkend betrachtet, von meinen verflossenen Partnern?
- Was bedeutet mir persönlich Gold?

Übung 4: Persönliche Motivations-Meditation

- Nehmen Sie sich einen Augenblick Zeit, setzen oder legen Sie sich an einen stillen Ort und machen wieder in aller Ruhe Ihre drei Ausatemseufzer.
- Lassen Sie dann ein Lächeln auf Ihrem Gesicht erscheinen, am leichtesten steigt es aus seiner Quelle in der Tiefe der Augenhöhlen.
- Lassen Sie es von dort über Ihr ganzes Gesicht fließen … bis Sie die sanfte entspannende Wirkung der Weite und Offenheit des Lächelns spüren von der Stirn bis zur Mundpartie, wo das Lächeln um ihre Lippen spielen könnte.
- Nun lassen Sie sich das Lächeln in Gedanken unter die Haut gehen und sogar bis auf die Knochen.
- Schicken Sie nun das Lächeln, während es noch weiter auf dem Gesicht verweilt und sich sogar noch vertieft, auch in die Mitte Ihrer Brust und denken zugleich an Ihr Herz und an das Lächeln, und sofort oder gleich werden Sie erleben, wie auch Ihr Herz lächeln kann auf seine ganz eigene herzliche Art und Weise.
- Vielleicht können Sie es nun schon richtig genießen, wenn Ihr Herz lächelt und sich so eine eigenartige Weite und Wärme in der Mitte der Brust ausbreitet.
- Bleiben Sie einen Moment in diesem offenen und entspannenden Gefühl.
- Und schicken Sie nun Ihr Lächeln, während es auch noch im Herzen und auf dem Gesicht bestehen bleibt

und sich sogar noch ausbreitet, auch noch in den Bauch hinunter, sodass auch hier ein offenes und warmes Gefühl entsteht und der Bauch sich den ihm zustehenden Raum nehmen kann – mit einem warmen, bodenständigen bauchigen Lächeln.

- Während sich dieses Lächeln nun weiter ausbreitet und Ihre körperliche Mitte ausfüllt, fragen Sie sich:
- Was motiviert mich, Geld zu verdienen?
- Und wie viel soll es oder muss es sein?
- Was erwarte ich mir von diesem Geld?
- Welche Träume soll es mir erfüllen – im Hinblick auf Partnerschaft – auf Erfolg – auf Macht – auf Einfluss – auf Ruhm … ?
- Wem will ich damit Gutes tun, oder was soll es für mich überhaupt tun?

Besitz und Besessenheit

In der Bilderfolge der 22 großen Arkana des Tarot, die auf altägyptische Quellen zurückgehen soll und den spirituellen Entwicklungsweg des Menschen abbildet, stellt die vierte Karte den Emperor oder Kaiser dar. Er sitzt in den meisten gängigen Systemen auf einem Würfel, der die Vierheit und damit die Welt der Materie symbolisiert. D.h. der Kaiser besitzt die Materie und ist nicht mehr besessen von ihr. Nun ist die vierte Station noch keine sehr fortgeschrittene auf einem Weg von 22 Stufen. Diese Station will andeuten, dass es kein Fortkommen in der Entwicklung gibt, wenn man nicht die Welt der Materie in den Griff bekommt und sich aus ihrem Würgegriff befreit. Einerseits meint das, Herr im eigenen Körperhaus zu werden, also den eigenen Organismus zu einem vollkommenen Tempel der Seele zu machen, und andererseits das Thema Besitz zu klären und zu (er-)lösen, sodass die Materie der eigenen Entwicklung dient und man nicht zu deren Sklaven wird. Die Wirklichkeit und das Tarot-System zeigen, solange die materielle Basis nicht geklärt, sondern eher ausgeklammert ist, gibt es keinen eindrucksvollen Fortschritt.

Die gleiche Erkenntnis könnte die Chakren-Lehre vermitteln. Das Wurzel- oder Basis-Chakra Muladhara steht der Materie am nächsten und verbindet uns mit der Erde. Es bildet den Anfang und Ausgangspunkt unseres Entwicklungsweges. Wer mit diesem Thema nicht ausgesöhnt ist, sollte demnach gar nicht erst versuchen, höhere Stufen auf der Jacobsleiter zu erklimmen, wie Christen dieses Energiesystem der Entwicklung nennen. Die Öffnung höherer Chakren, solange die Basis ungeklärt und ungesichert bleibt, ist sogar oft sehr gefährlich, wie uns östliche Weise vermitteln.

Im archetypischen Entwicklungskreis des Tierkreises steht – ebenfalls ganz zu Beginn – das 2. Haus für den materiellen Besitz und dessen Einverleibung und macht damit ebenfalls deutlich, um was für ein grundlegendes und frühes Thema es sich dabei auf dem Entwicklungsweg handelt. In Kombination mit dem 180 Grad gegenüberliegenden 8. Haus ergibt sich die sogenannte Werte-Achse, die von der materiellen bis zur spirituellen Ebene führt. Im 2. Haus ist der materielle Besitz zu Hause und im gegenüberliegenden 8. der Anspruch an Seelenbesitz. Vor allem in ihren Schattenseiten Habsucht und Eifersucht dürfte die ungeheure Bedeutung dieser Achse für das bürgerliche Leben deutlich werden. Nimmt man noch die Herrschsucht herein, die ebenfalls Wurzeln im 8. Haus hat, liegen in dieser Beziehung die wesentlichen Süchte und Probleme, die unser Leben belasten.

Für Kollektive wie Einzelindividuen gilt gleichermaßen: Zuerst muss die Basis geklärt werden, um anschließend gut voranzukommen. Wer etwa seinem Körper fastend oder mithilfe von Hatha-Yoga zu gehorchen beibringt, sodass er zum Beispiel Sitz macht, sobald sein(e) Chef(in) das will, tut sich ungleich leichter sowohl beim Meditieren als auch generell mit dem Forschritt auf dem Entwicklungsweg. Was man von jedem gut erzogenen Hund verlangt, sollte auch der eigene Körper zu leisten im Stande sein. Der spirituelle Entwicklungsweg beginnt tatsächlich mit solch profanen irdischen Themen. Franz von Assisi sprach vom Körper als »Bruder Esel«, den er in Zucht genommen wissen wollte. Und er liebte Esel und Hunde.

Ähnliches gilt in der Analogie für die äußere Materie in Gestalt des Geldes. Wenn sie wirklich durchschaut und besessen wird, kann sie so nützlich sein wie der Körper auf dem Entwicklungsweg. Wo sie jedoch den Geist beherrscht und besessen macht, wird sie in beiden Fällen die Entwicklung be- und meist sogar verhindern. Wenn der Körper bestimmen darf, wird die Kultur des Bewusstseins ebenso wenig vorankommen wie ein vom Materie- beziehungsweise Geldthema besessener Geist.

Allerdings muss auch klar sein, wer die vierte Station des Tarotweges geschafft hat, ist deswegen noch längst nicht mit dem Weg fertig. Wer die Gesetze der Materie beherrscht, hat damit nicht automatisch die Materie bereits überwunden, sondern ist immer noch an die Begrenzungen des Körpers gebunden. Und trotzdem liegt – laut Tarot – hier die Voraussetzung, um zu höheren Ebenen wie der himmlischen Liebe vorzustoßen. Man kann eigentlich nicht sagen, dass die christliche Liebe an der Materie scheitert, sondern die Menschen scheitern schon an der Materie und kommen so gar nicht erst zur himmlischen Liebe. Insofern haben sich die Religionen offenbar zu wenig um die materielle Basis der Menschen gekümmert und scheitern in ihren hehren Anliegen, weil die Anhänger schon gar nicht mit den Grundlagen des irdischen Lebens fertig werden. Laut Tarot wäre das jedoch die Voraussetzung für die Schritte in höhere Sphären.

So erscheint es stimmig, dass Muladhara, das unterste Chakra, dem Überleben in der materiellen Welt gewidmet ist und dann erst das Sexualchakra als zweites folgt, wo es um die körperliche Liebe und die Erhaltung der Art geht. Anahata, das Herz-Chakra, kommt erst als viertes und mittleres Chakra. Die Chakrenlehre lässt also ebenfalls keine Zweifel, dass die Stufen der Reihe nach zu erklimmen sind und keine zu überspringen ist.

Was ist folglich zu tun? Das Tarotsystem als Abbild des Entwicklungsweges kann den Ausweg andeuten, denn es vermittelt auch die Grundgesetze, die das Leben bestimmen, und das sind nicht zufällig dieselben, die auch das Geldspiel beherrschen und regeln. Nur wer diese Gesetze beherrscht, kann sich unter ihrer Befolgung entwickeln und von den Fesseln der Materie befreien.

Übung 5: Besitzen oder besessen sein?
Bringen Sie sich wieder in einen entspannten Zustand und stellen sich die entsprechenden Fragen:
- Besitze ich mein Geld oder bin ich besessen von ihm?
- Und besitze ich das Geld überhaupt, von dem ich besessen bin? Oder besitzt mich bereits das Geld, das ich erst noch verdienen will?
- Habe ich genug Geld, um es fließen zu lassen?
- Oder versuche ich noch – aus Mangelbewusstsein – es entgegen seinem Wesen festzuhalten?

Das Resonanzgesetz

*»Geld verdirbt nicht den Charakter,
sondern macht nur einen verdorbenen
Charakter sichtbar.«*
                    Martin Grassinger

Ein bedeutender Teil unserer Gehirnzellen ist dem Gesetz der Resonanz verpflichtet. Die sogenannten Spiegelneuronen stehen dafür, dass wir in Resonanz gehen, wo immer es sich ergibt. Kaum gähnt der Nachbar, gähnen wir auch schon, kaum schlägt er die Beine übereinander, tun wir es ihm nach. Kleine Affen äffen ihre Eltern ebenso nach wie kleine Menschenkinder die ihren. Wir ziehen immer dieselben Partner an mit denselben Problemen und Eigenschaften. Auf diese Weise kommen ähnliche Dinge und Menschen zusammen und spiegeln sich im wahrsten Sinne des Wortes. Innerhalb dieser Tendenz sucht und findet Geld anderes Geld.

Der Volksmund weiß vom »Gesetz der Serie«, dass »ein Unglück selten allein kommt« und man nicht selten »vom Regen in die Traufe« gelangt. Hinter all diesen Redewendungen verbirgt sich das Resonanzgesetz. Wer ein Urprinzip beziehungsweise einen Archetyp wie »Uranus« nicht versteht, wird damit Probleme bekommen, etwa in Gestalt von Unfällen. Diese hören so lange nicht auf, solange das Prinzip nicht verstanden wird. Und da selten schnell begriffen wird, erkennt der Volksmund das Gesetz der Serie beziehungsweise, dass ein Unglück selten allein kommt. Sobald das Prinzip jedoch integriert ist, hört die Serie der Unfälle auf.

Vom Regen in die Traufe kommen all die, die sich einem Prinzip oder Gesetz längerfristig verschließen. Das Schicksal oder wie immer man diese Instanz nennen will, erhöht dann den Druck genauso lange, wie sich die Betreffenden verweigern. Wer ständig nur Chefs oder Partner wechselt, ohne sich zu ändern und sein eigenes Programm zu wechseln, wird so lange vom Regen in die Traufe kommen, bis er seine Verantwortlichkeit erkennt und sich ändert und umstellt.

Wie ein Radio, das auf Ö3 eingestellt ist, nicht Ö1 empfangen kann, sind Menschen, die sich auf Mangelbewusstsein programmiert haben, nicht in der Lage, »das Geld, das auf der Straße liegt«, wie der Volksmund weiß, aufzuheben. Solch alte Programmierungen oder Muster zu verändern ist äußerst schwer. Die wirksamste Methode ist, neben ständiger Wachsamkeit und Bewusstheit, neue erweiternde Programme zu integrieren.

Viele reich gewordene Unternehmer können ein Lied vom Gesetz der Resonanz singen, wenn sie berichten, wie schwer zu erarbeiten die erste Million gewesen sei, wie die nächste schon leichter kam und die weiteren fast nebenbei, während sie auf dem Golfplatz waren. Fantastische Berichte vom sagenhaften Aufstieg der Geldmagnaten haben hier ihre Wurzeln. Wenn Herr Hilton mit einem kleinen unbedeutenden Hotel in Cisco/Texas beginnt und schon bald auf ein Hotel-Imperium blicken kann, lässt das (verstandene) Resonanzgesetz grüßen.

Ein Langzeitarbeitsloser erlebt im Feld einer Großstadt um sich herum viele andere Arbeitslose und eine deprimierende Stimmung, die von dem Gefühl des Nichtgebrauchtwerdens und des Überflüssigseins geprägt ist. Überzeugt man ihn zum Beispiel, aufs Land zu ziehen, wie in einem Versuch in Irland geschehen, wird er dort in ein Feld von Arbeit eintauchen, das über die entsprechende Resonanz schon bald Auswirkungen auf ihn hat. Auf dem Land gibt es immer Arbeit, wenn auch meist keine tariflich bezahlte, aber alle tun etwas in den eigenen Gärten, beim Holzmachen usw. So zeigte sich, dass nach kurzer Zeit die Großstadtarbeitslosen auf ganz informelle Art in Arbeitsprozesse integriert waren.

Ähnliches gilt für Resonanz im Krankheitsgeschehen. Das Krankenhaus schafft eine Resonanz zu Krankheit, insofern ist es besser, im Krankheitsfall die Resonanz gesunder Natur zu suchen und sich möglichst natürlichen, gesunden Feldern auszusetzen, um an den entsprechenden Resonanzen selbst zu gesunden. Studien belegen, dass Menschen, die während ihrer Rekonvaleszenz vom Krankenhausfenster auf unverbaute Naturlandschaften blicken, viel rascher gesunden als solche, die in künstlichen Welten leben müssen.

Übung 6: Die eigene Resonanz wahrnehmen

Gehen Sie in den bewährten inneren Entspannungsraum und lassen folgende Fragen auf sich wirken, beziehungsweise erlauben Sie Ihren jeweils aufsteigenden ersten Gedanken, Ihnen Antworten dazu zu schenken.

- Welche Resonanzen kann ich in der Geschichte meiner Partnerschaften erkennen? Wo habe ich dabei immer wieder die gleichen Erfahrungen gemacht?
- Inwieweit hat Resonanz meine Krankheitsgeschichte(n) beeinflusst? Wo bin ich immer wieder in dasselbe Fahrwasser gelangt, in dasselbe Fettnäpfchen getappt und habe dasselbe Problem entwickelt?
- Gibt es Situationen, wo ich vom Regen in die Traufe gekommen bin? Welche Resonanz stand dahinter?
- Wo habe ich das Gesetz der Serie in meinem Leben bereits erlebt? Welche Resonanz wirkte damals im Hintergrund?
- Hat der Spruch »ein Unglück kommt selten allein« schon einmal Bedeutung in meinem Leben gehabt und welche Affinität stand dahinter?
- Wenn ich die momentan in meinem Leben erkennbaren Resonanzen betrachte, wo werden sie mich hinführen?
- Wie sieht es bezüglich der Anziehung oder Resonanz im Bereich des Geldes aus? Womit bin ich in Resonanz und womit wäre ich es gern? Und was ist da zu tun?

Praktische Übungen im Resonanzspiel

- Wer sich mehr Geld wünscht und seine Resonanz dazu erhöhen will, wäre gut beraten, Orte aufzusuchen, wo Geld zu Hause ist. Wer reich werden will, sollte reiche Orte aufsuchen und das dort herrschende Feld auf sich wirken lassen, ja bewusst in es eintauchen. Ob es sich dabei um schöne und teure Restaurants, Hotels, Schiffe oder Vororte handelt, ist gleichgültig.
- Das größte Hindernis auf dem Weg zu einem reichen Leben ist das Armutsbewusstsein. Dieses löst sich in einer reichen Umgebung am ehesten auf, weil man dort natürlich Resonanzen zu (erfolg-)reichen Menschen aufbaut. Wichtig ist dabei jedoch, sich klarzumachen, dass es sich hier nicht um einen kausalen, sondern synchronen Zusammenhang handelt. Es geht also keinesfalls darum, irgendwelchen reichen Menschen nachzulaufen und mit (Spenden-)Bitten auf den Geist zu gehen, sondern einfach in ihrem Feld zu sein und diesem zu erlauben, über die automatisch entstehende Resonanz auf das eigene Leben überzugreifen.
- Wer neue Resonanzen aufbauen will, sollte sich also mit den entsprechenden Feldern einlassen, was zum Beispiel mit geeigneten Büchern und Filmen geschehen kann. Anschließend wäre es gut, Menschen aufzusuchen, die dieses Feld bereits verwirklicht haben, und mit ihnen Zeit zu verbringen. Intellektueller Erfahrungs-

austausch ist dabei sicher ein Punkt, doch entscheidender ist das Eintauchen in das Feld des anderen. Autoren und Journalisten folgen genau diesem Konzept, wenn sie sich über ein neues Thema informieren und die entsprechenden Spezialisten aufsuchen und interviewen. Wenn ich etwa ein für mich neues Thema bearbeiten und ein Buch darüber schreiben will, werde ich nicht gleich mit dem Schreiben beginnen, sondern erst einmal mit dem Gedanken schwanger gehen. In dieser Zeit der Schwangerschaft ergeben sich die entsprechenden wertvollen Resonanzen. Die notwendigen Bücher finden mich, ich brauche sie nicht einmal suchen zu gehen. Wenn schon, wäre es besser, sie finden zu gehen. Das kann man beim Kinderbuchautor Janosch lernen, dessen kleiner Tiger eben nicht Pilze suchen, sondern finden geht. Die richtige Resonanz ist der halbe Erfolg.

Übung 7: Ziele und Resonanz

Gehen Sie in den bewährten inneren Entspannungsraum und lassen folgende Fragen auf sich wirken, beziehungsweise erlauben Sie Ihren jeweils aufsteigenden ersten Gedanken, Ihnen Antworten dazu zu schenken.

- Was sind meine Ziele und welche Resonanzen wären dafür sinnvoll? Hier können Sie wieder wundervoll die Macht des ersten aufsteigenden Impulses nutzen. Schon Ihr Ziel könnten Sie so finden.
- Lassen Sie dann die entsprechenden Resonanzen auftauchen, die zu dessen Verwirklichung notwendig und hilfreich sind.

Das Polaritätsgesetz

Das Polaritätsgesetz sorgt dafür, dass Entwicklungen oft in ihr Gegenteil umschlagen, wie zum Beispiel heiße Liebe zu Beginn einer Beziehung in kalten Hass am Ende. Wenn praktisch alle Friedenspolitiker durch Gewalt zu Tode kommen, steckt es ebenfalls dahinter. Wer zum Beispiel sein Leben nur dem Ziel Reichtum widmet und dieses – etwa unter Zuhilfenahme des Resonanzgesetzes – auch durchsetzt, muss damit rechnen, dass er über die Nichtbeachtung des Polaritätsgesetzes Armut erntet, möglicherweise auf anderer Ebene. Das Polaritätsgesetz gilt es immer im Auge zu behalten, da es sich sonst mit gnadenlosem Nachdruck Anerkennung verschafft.

Wer keine Zeit hatte, in Resonanz mit Reichtum zu gehen, kann schon durch den plötzlichen Einbruch von Geld in sein Leben sehr geschädigt werden, weil der Gegenpol häufig ebenso schnell und unverhofft zuschlägt. Das ist wohl der Grund dafür, dass Lotto- und Toto-Gesellschaften die ganz großen Gewinne nicht mehr en bloc auszahlen, sondern in kleineren monatlichen Raten. Untersuchungen hatten ergeben, dass die Gewinner ansonsten nach ein paar Jahren meist völlig verarmt auf der Strecke blieben.

Eine ähnliche Erfahrung haben viele Musiktalente gemacht, die über Nacht zu Berühmtheiten wurden und zu großem Reichtum kamen. Wenn die seelische Entwicklung so schnell nicht mitkommt und auf der Strecke bleibt, wandelt sich solch großes unverhofftes Glück oft in entsprechendes Leid. Nicht wenige erleben das Polaritätsgesetz, wenn großer materieller Reichtum sich mit entsprechendem seelischem Unglück und Leid verbindet und zu Armut auf dieser Ebene führt.

Die Polarität geht in ihrer durchschlagenden Wirkung weit über die Resonanz hinaus. Das Verständnis beider Gesetze kann jedoch eine gute Basis für ein erfolgreiches Leben legen – unter Beachtung der wesentlichen Spielregeln. Allerdings muss dabei klar sein, dass Polarität das beherrschende Prinzip oder Gesetz dieser Welt der Gegensätze ist. Auf die göttliche Einheit folgt direkt die Polarität. Das ist der berühmte Sturz aus dem einheitlichen Paradies in die Welt, wie er in so vielen Religionen geschildert wird.

In dieser Welt tritt alles in Gegensatzpaaren auf. Ohne Ausatmen gibt es auch kein Einatmen, wie jeder Asthmatiker erfahren muss, ohne Minuspol keinen Pluspol beim Wechselstrom, ohne groß ist klein nicht möglich, wie gut nicht ohne böse. Und reich geht eben auch nicht ohne arm. Unsere Welt lebt von diesem Miteinander der Gegensätze. Wer das nicht anerkennt, wird zwangsbelehrt. Es wäre also ein Gebot der Intelligenz, dieses Aufeinanderbezogensein der Gegenpole anzuerkennen und sich im täglichen Leben nicht dagegen zu vergehen.

Wer nur den einen Pol nährt, muss damit rechnen, dass der andere in unerlöster Weise auftaucht oder sogar aus dem sogenannten Schattenreich hervorbricht. Es macht also keinen Sinn, nur ein guter Mensch sein zu wollen, denn sonst landet der böse Anteil der eigenen Seele im Schatten. Die Geschichte der Amokläufer zeigt, dass es sich dabei im Vorfeld fast immer um unscheinbare, wenig zu Gewalt neigende Spießer handelte. Es ist der lange unterdrückte Schatten, der dann mit Macht hervorbricht und das Elend verursacht. In der Literatur bringt es die Geschichte von Dr. Jekyll und Mr. Hyde auf den Punkt, die Robert Louis Stevenson als Lehrstück über den Schatten verewigt hat.

Es gilt also, ständig wachsam gegenüber der eigenen dunklen Seite zu sein. Das geht so weit, dass alles, was einen auf der Welt ärgert und aus der Fassung bringt, das nur kann, weil es mit dem eigenen Schatten zu tun hat. Daher sind unsere Feinde so wichtig für uns, sie können uns zeigen, was wir noch zu integrieren haben. Nichts anderes meint die christliche Aufforderung, sie lieben zu lernen.

Machen Sie die Übung (S. 63) bitte unbedingt, bevor Sie weiterlesen, da Ihnen sonst eine von zwei entscheidenden Erfahrungen und die daraus folgenden Einsichten verloren gehen und später sehr fehlen werden!

Wenn Sie diesen Satz lesen, ohne die Übung gemacht zu haben, sind Sie jedenfalls selbst verantwortlich für das Bein, das Sie sich nun stellen. Solange Sie das akzeptieren, ist es völlig in Ordnung. Statt selbst zu erleben, werden Sie weiter glauben müssen oder eben zweifeln und die nachgeholte Übung wird – nach Lüftung des Geheimnisses – nicht mehr funktionieren beziehungsweise denselben Effekt bei Ihnen haben können. Wenn Sie mir jetzt nicht glauben können, werden Sie gleich dran glauben müssen. Machen Sie dann wenigstens eine Lernerfahrung daraus und schauen einmal, wo Sie sich auch an anderen Stellen Ihres Lebens durch Misstrauen um die Früchte Ihrer Bemühungen bringen.

In diesem Sinne: Nach dem Gesetz der Polarität wird sich dort, wo eben noch eine düstere Maske war, nun der Gegenpol gezeigt haben in Form einer Lichtgestalt. Diese wird je nach Ihrer Resonanz ausfallen. Christen und Menschen unserer Kultur erkennen darin in der Regel Jesus Christus, den Erlöser und Heiland. Buddhisten aber haben schon Buddha ausgemacht und ein Alt-68er sah Che Guevara. Jeder eben nach seiner Resonanz!

Entscheidend ist die Erkenntnis, dass an der Stelle, wo für einen kurzen Augenblick eine Lichtgestalt aufgetaucht war, in Wirklichkeit gar nichts ist, dort existiert nichts als weiße Leere. Das Gegenbild der Monstermaske, die Lichtgestalt, entsteht in uns, weil wir uns vorher auf das dunkle Pendant eingelassen haben.

Das Gleiche gilt leider auch umgekehrt. Wer sich lange genug mit Licht, Glück oder Reichtum beschäftigt, sollte nicht überrascht sein, im Gegenpol zu landen. Das ist der Grund, warum es um Lichtarbeiter nicht heller wird, sondern eher dunkler und oft richtig düster, warum positives Denken auf die Dauer gefährlich ist und unkritisch angewandte Affirmationen so oft auf ihre Benutzer zurückschlagen. Schon im Faust legte Goethe dem Mephisto die zeitlosen Worte in den Mund: »Ich bin ein Teil von jener Kraft, die stets das Böse will und stets das Gute schafft.« Das Polaritätsgesetz gilt aber natürlich auch umgekehrt und erklärt so, warum all der Idealismus und gute Wille – etwa in der spirituellen Szene – so oft im Gegenteil endet.

Konsequenzen aus beiden großen Gesetzen

Polaritätsgesetz: Es lohnt sich immer und bei allem, den Gegenpol im Auge zu haben! Was noch so gut gemeint ist, wird sonst leicht böse enden. Oder wie Bert Brecht formulierte: Das Gegenteil von gut ist nicht böse, sondern gut gemeint – weil gut gemeint eben oft böse herauskommt. Wer also in heißer Liebe vor den Priester tritt, um zu heiraten, sollte die Möglichkeit, sich später in kaltem Hass vor dem Scheidungsrichter wiederzufinden, im Auge behalten, beziehungsweise darauf gefasst sein, dass sein so sehr geliebter Partner nach den Schokoladenseiten, die die Verliebtheit offenbart, auch Schattenseiten hat, die sich im Alltag zeigen.

Resonanzgesetz: Wer seine äußere Welt ändern und zum Beispiel reicher werden möchte, egal auf welcher Ebene, muss seine Resonanz ändern, also zum Beispiel eine andere Umgebung aufsuchen, sich mit anderen Menschen und Gedanken umgeben, andere Gedanken denken usw.

Oder anders ausgedrückt: Jeder lebt in seiner Welt. Wer sie ändern will, muss sich ändern, beziehungsweise seine Resonanzen. An dieser Stelle dürfte auch die Wichtigkeit der inneren Bilder deutlich werden, die eine ideale Möglichkeit bieten, Resonanzen zu erkennen und neu zu strukturieren.

Nachgeordnete Gesetze des Geldes

Erstaunlicherweise gibt es gerade in einem so auf Zahlen fixierten Bereich wie dem des Geldes besonders viele Illusionen, die ihrem Wesen als Illusion entsprechend irrational sind. Der verbreitetste Irrglaube ist, dass man an Geld herankommen könnte, ohne die Finger krumm zu machen oder sie sich im übertragenen Sinn *schmutzig* zu *machen* beziehungsweise, ohne es anderen wegzunehmen. Was noch nicht heißt, dass Geld grundsätzlich schmutzig ist; das kommt sehr darauf an, wie man es anstellt, es zu besorgen, und auch, was man anschließend damit unternimmt. Auch ist dieses »Wegnehmen« nicht böse oder gar kriminell, es ist tatsächlich die einzige Möglichkeit, an Geld zu kommen. Selbst bei einer Erbschaft, die ein Neugeborenes erhält, wird das Geld dem Erblasser weggenommen. Eine Wertung kommt lediglich durch die damit verbundenen Absichten und Ambitionen hinzu.

Aufgrund der eigentlich einfach zu durchschauenden Tatsache, dass es kein herrenloses Geld gibt, ist es leider völlig unmöglich, an Geld zu kommen, ohne es jemand anderem wegzunehmen. Nirgendwo auf dieser Welt gibt es Geldhaufen, die niemandem gehören und herrenlos wären, wo man sich also nur zu bedienen bräuchte. Wer diese banale Wahrheit verstanden hat, wird sofort erkennen, dass er, um an Geld heranzukommen, es immer von anderen nehmen muss. Natürlich kann man sich diesbezüglich sehr ehrenwerte Methoden ausdenken oder wenigstens sozial verträgliche. Sogar Methoden, die anderen helfen, sich zu entwickeln, sind möglich. Wem das jedoch zu unangenehm ist, zu mühsam, oder wer sich einfach zu gut dafür ist, darf auch arm bleiben, er sollte dann nur nicht jammern oder anderen ihr Geld neiden.

Die Ärmsten der Armen auf dieser Welt werden sich kaum zu gut sein, anderen das lebensnotwendige Geld wegzunehmen, sondern ihnen mangelt es an ganz anderem als am Verständnis der Geldgesetze und/oder Umsetzungsmöglichkeiten. Wählt man den Blickwinkel weit genug, wird sich wohl auch die für sie anstehende Lernaufgabe –

möglicherweise unter karmischen Gesichtspunkten – zu erkennen geben. Auf alle Fälle wären sie in ihrer hoffnungslos ausgelieferten Situation eine ideale Gelegenheit für die Bessergestellten, Mitgefühl zu entwickeln und zu helfen und so der eigenen Seele Gutes zu tun. Denn tatsächlich ist Geben seliger als Nehmen, weshalb jeder Geber jedem Nehmer eigentlich dankbar sein müsste.

Geldverdienen ist durchaus kein unmoralisches Unterfangen. Allerdings sollte man sich möglichst rasch von der Illusion verabschieden, man könnte es schaffen, ohne anderen nahezutreten. Jeder, der an Geld herankommen will, muss sich so weit *die Hände schmutzig machen*, dass er sich eingesteht, es von anderen zu nehmen. Auch die Geldvermehrung vom Schreibtisch aus, die heute vor allem üblich ist, zielt natürlich immer auf das Geld anderer.

Selbst wer, wie die Chefs der Nationalbanken oder manch allmächtige Diktatoren der Dritten Welt, die Macht hat, neues Geld drucken zu lassen, holt es sich von anderen nur über einen, in letzterem Fall obendrein noch weniger seriösen Umweg. Besonders deutlich wird das, wenn gänzlich Unbefugte auf diesen Trick verfallen nach dem Motto »Papier ist geduldig«. Geldfälscher und Politiker, die Geld druckend die Inflation antreiben, machen im Prinzip dasselbe. Über die Aufblähung der Geldmenge entwerten sie dieses und nehmen es so anderen, zum Beispiel auch denjenigen, die es ehrlich verdient haben, wie wir so schön sagen. Doch auch ehrlich verdientes Geld muss von jemand anderem stammen.

An dieser Stelle ist auch ein Denkfehler zu entlarven, der seinerzeit dazu beitrug, die englischen Posträuber zu weltweiten Helden zu stilisieren. Sie hatten mit einem genialen Plan sich selbst Millionen verschafft, ohne scheinbar irgendjemandem zu schaden. Tatsächlich hatten sie bei ihrem Überfall auf den Geldtransport niemanden schwer verletzt, geschweige denn getötet. Vor allem aber hatte es sich um einen Transport alten und schon ziemlich verbrauchten Geldes gehandelt, das sowieso entsorgt werden sollte. Wem hatte es also geschadet, dass sich die Posträuber dieses Geld nahmen, das doch sowieso vernichtet werden sollte? Das fragten sich weltweit unbedarfte Kleinbürger, die auch so gerne einmal Millionen auf so spielerische Art in ihre Finger gebracht hätten. Ihre Solidarität galt den Posträubern, die sich bis heute als alte, längst geläuterte Herren einer gewissen Popularität erfreuen. Wie genial auch altes Geld zu stehlen, dessen Seriennummern natürlich nicht registriert waren! Wirklich alles schien für die Gentleman-Räuber zu sprechen.

In Wirklichkeit hatten sie natürlich – genau wie Geld druckende Nationalbanker oder Politiker in Diktaturen – ihr Geld doch von den anderen bezogen und der Allgemeinheit entsprechend geschadet. Ihre nun zusätzlich in Umlauf gehaltenen Millionen entwerteten das Geld aller anderen – wenn auch im Fall der Posträuber in einem äußerst geringen, gar nicht spürbarem Ausmaß. Wäre es spürbar gewesen, hätte die englische Zentralbank nur ein Äquivalent der Geldmenge aus dem Umlauf zu nehmen brauchen, was jedoch nichts an der Schadenssituation geändert hätte.

Das Fazit ist einfach. Da es kein herrenloses Geld gibt, muss man, wenn man welches bekommen will, es anderen wegnehmen. Dieser Gedanke mag vielen wenig angenehm sein, es führt jedoch kein Weg (zu Geld) daran vorbei.

Sätze wie »Es kommt nicht genug Geld herein« sind naiv. Geld wird nie von allein kommen, man muss selbst aktiv werden, wenn man es haben will. Auch Aussprüche wie »Ich bräuchte so dringend Therapie, aber sie ist mir zu teuer« verraten einen gewissen Grad an Naivität. Teuer ist immer relativ. Wenn mir die Lösungen meiner seelischen oder körperlichen Probleme zu teuer sind, werde ich ohne Lösungen bleiben, jedenfalls in dieser geldorientierten Gesellschaft. Mit den Problemen am Hals wird es jedoch nicht leichter, sondern schwerer, Auswege zu finden. Wenn ich die Wirklichkeit nicht zu durchschauen lerne, weil ich mir die dafür notwendigen Schritte nicht leiste, etwa nach dem Motto »Geiz ist geil«, werde ich ohne Durchblick bleiben und mir weiterhin die entsprechenden Schritte und vieles andere nicht leisten können. Dieser als Teufelskreis längst durchschaute Mechanismus hat seine scheußlichen Auswirkungen und die einzige Lösung wäre, ihn zu durchbrechen.

Die Adjektive »teuer«, »günstig« und »billig« sind immer relativ und jederzeit von uns selbst zu relativieren. Billig ist nebenbei noch ein Synonym für ordinär und minderwertig.

Eine Patientengeschichte mag das erhellen. Ein sehr erfolgreicher Unternehmer in Geldgeschäften war ökonomisch mit so ziemlich allen Wassern gewaschen und medizinisch mit allen Risikofaktoren geschlagen, von denen wir heute wissen, dass sie das Leben erfolgreich verkürzen. Er fand jedoch keine Zeit für eine gründliche Therapie, weil Zeit bekanntlich Geld ist. Unter Hochdruck, mit Fastfood, steigendem Cholesterin und kurzatmig jagte er von Erfolg zu Erfolg und wurde zusehends dicker und reicher, da er all seine Zeit in Geld wechselte. Er war wirklich bereit, für Geld jeden Preis zu bezahlen. Nach einem weiteren Herzanfall fasste er sich dann aber doch – unter dem Eindruck eines vernichtenden Herzschmerzes – ein Herz und kam zur vierwöchigen Krankheitsbilder-Therapie ins Heil-Kunde-Zentrum nach Johanniskirchen. In der zweiten Woche fragte ich ihn, wie es ihm gehe. Er versicherte, dass er sich gut und auf dem richtigen Weg fühle, dass ihn das Ganze jedoch schon auch sehr teuer zu stehen komme. Mit einem Blick auf sein Auto fragte ich, ob er es nicht bedenklich fände, in ein Auto, letztlich eine Blechkiste, 100.000 Euro zu stecken und über eine 3.000 Euro Investition in seine Gesundheit so zu jammern. »Ach«, sagte er, »das Therapiehonorar ist Peanuts, aber mein Ausfall in diesem Monat wird sich auf eine Viertelmillion belaufen.«

Wer den Fehler begeht und so rechnet, kann sich trotz gewaltigen Einkommens bald gar nichts mehr leisten und zwar umso weniger, je mehr er verdient. Am Ende der vierwöchigen Psychotherapie hatte der Mann nicht nur 15 Kilogramm Körpergewicht sowie verschiedene körperliche und seelische Blockaden verloren, sondern auch seine Geldbesessenheit gelöst und sich mit seinem Machtschatten konfrontiert.

Heute nimmt er sich Zeit fürs Leben und für Dinge, die so wenig (Geld) bringen wie zum Beispiel Meditation. Rückblickend sagt er, nichts habe ihn bisher im Leben so arm gemacht wie diese Therapie und nichts gleichzeitig so reich. Es gäbe jetzt Zeiten, wo er einfach nur genießt, was er längst verdient habe, und dabei gar nicht über die Börse und deren aktuelle Chancen nachdenke. Sogar seine Exfrau und Mutter seiner Kinder rede jetzt wieder mit ihm. Er benutzt jetzt sein Geld und erlöst daraus umgekehrt die Zeit, die er in dessen Beschaffung investiert hat.

Dabei ist es nicht einmal nötig oder auch nur sinnvoll, das Geld aus dem Auge zu verlieren, *not*-wendig ist lediglich, die ihm und seinen Bewegungen zugrundeliegenden Gesetze zu verstehen.

So habe ich vielfach Patienten erlebt, die ihr Einkommen erheblich gesteigert haben, während sie ihre Besessenheit vom Geld lösten.

Wenn man zu alldem noch das Resonanzgesetz hinzugibt, erkennt man, dass Menschen, die schon reich sind, sich auch gar nicht mehr anstrengen müssen, Geld hereinzuholen, denn zu ihnen kommt es wie von selbst. Die Anstrengung des Geldholens erleben vor allem die Bedürftigen und Hungrigen, die das Geldspiel noch zu lernen haben. Auch der Aspekt des Wegnehmens ist bei denjenigen, die das Geldspiel durchschauen und schon reich sind, sehr im Hintergrund, es scheint fast so, als käme das Geld von allein zu ihnen. Überwinden müssen sich auch da nur diejenigen, die dabei sind, das Spiel zu lernen.

> *»Jeder lebt in seiner Welt.*
> *Wer sie ändern will, muss sich ändern.«*

Übung 8: Den eigenen Schatten finden
Tauchen Sie in die bewährte Meditation ein und stellen sich folgende Fragen in der schon vertrauten Weise:
- Was ärgert mich in der Welt der Politik besonders?
- Was stört mich am meisten an meinem Partner?
- Was nervt mich an meinem Beruf oder Job ganz extrem?
- Wobei raste ich zuerst aus?

Übung 9: Polaritäts- und Resonanzspiel:
Das einfachste Beispiel, um das Polaritätsgesetz zu erleben, bietet folgende dunkle Maske. Sie brauchen lediglich ein dickeres Blatt weißes Papier oder gegebenenfalls mehrere übereinander, sodass nichts durch sie hindurchscheinen kann.

64   Das Polaritätsgesetz

- Legen Sie nun die Seite mit der düsteren Maske gut ausgeleuchtet vor sich und nehmen Sie das dicke weiße Papier in Ihre rechte Hand.
- Ihr Blick fixiert die schwarze Maske und bleibt – möglichst ohne zu blinzeln oder sich gar abzuwenden – 30 Sekunden stur auf dieses Schattenbild fixiert. Es mag sein, dass dabei ein paar Tränen fließen, was kein Problem ist, solange Sie konzentriert bei der Sache beziehungsweise Maske bleiben.
- Nach der halben Minute schieben Sie einfach das weiße Papier über die Maske und starren weiter auf dieselbe Stelle, jetzt also auf die leere weiße Fläche und erleben, was sich dort zeigt.

Übung 10: Das Wirken der Polarität
Wer sich noch nie mit dem Thema Polarität beschäftigt hat, ist gut beraten, die Fragen erst im Hinblick auf sein Umfeld zu prüfen und sich dann erst an der eigenen Nase zu nehmen.

- In welcher Hinsicht erkenne ich das Wirken des Polaritätsgesetzes im Leben meiner Mitmenschen? Und in meinem?
- Was ist aus meinem jugendlichen Idealismus geworden?
- Wo bin ich heute fast im Gegenteil gelandet, gemessen am ursprünglichen Ziel?
- Welche meiner Partnerschaften hat mit Seligkeit begonnen und ist dann doch unselig zu Ende gegangen?
- Welche hochfliegenden Träume sind abgestürzt?
- Wo wollte ich hoch hinaus und bin tief gefallen?
- Wo andererseits habe ich wenig erwartet und viel erreicht?

Übung 11: Anderer Leute Geld nehmen?

Stellen Sie sich die folgenden Fragen, nachdem Sie Ihren meditativen Raum der Entspannung in bewährter Weise in sich aufgebaut haben.

- Bin ich überhaupt bereit, anderer Leute Geld zu nehmen, um selbst mehr zu bekommen und zu haben?
- Was sind meine Methoden, um anderen Geld wegzunehmen und es in meine Taschen zu leiten? Kann ich zu diesen Methoden stehen?
- Oder bin ich mir zu gut, anderen Geld wegzunehmen?
- Was sind meine Träume bezüglich Geld verdienen – sind sie realistisch und seriös?
- Was bin ich mir wert, was sind mir meine Gesundheit und mein Glück wert?
- Stelle ich mir bereits meine Zeit selbst in Rechnung? Oder kann ich mir selbst noch Zeit schenken?
- Zahle ich gerne und mit Leichtigkeit meine Rechnungen, Abgaben, Steuern etc.?

Die Geldkurve

*»Damit Luxus Licht ins Leben bringt,
muss der Gegenpol bekannt und am besten
sogar erlebt worden sein.«*

In der Regel beginnen wir mit wenig Geld, was auch seinen Sinn hat. Ist von Anfang an viel Geld – etwa durch Erbschaft – vorhanden, sind eine Menge Probleme vorprogrammiert, die der eigenen Entwicklungs-, Lern- und Leistungsbereitschaft im Wege stehen können. Warum etwa sollte sich jemand noch anstrengen, der schon alles hat und sich alles leisten kann?

Was die seelischen Entwicklungsmöglichkeiten unserer Nachkommen angeht, wäre es besser, die Erbschaftssteuer auf 100% zu erhöhen. Möglicherweise hätten dann alle – für einen kleinen Moment – die gleichen Entwicklungschancen und der Staat kurzfristig mehr Geld. Natürlich ist das eine Illusion, denn die Chancen lassen sich niemals gleich gestalten. Solch ein radikaler Schritt würde tatsächlich niemandem wirklich nützen, denn dadurch würde innerhalb einer Generation alles dem Staat gehören, was ja schon im Kommunismus zum Fiasko führte. Langfristig hätte es noch den Nachteil, dass die Reichen samt ihres Geldes und Know-hows fliehen würden, um ihr Geld für den eigenen Nachwuchs woanders in Sicherheit zu bringen. Ob sie diesem damit nützen, muss ich nach 30 Jahren beratender Tätigkeit ernstlich bezweifeln. Trotzdem meinen sie es natürlich gut für sich und ihre Kinder.

In der Regel haben junge Leute ungleich bessere Chancen, wenn sie mit wenig und sogar etwas zu wenig beginnen. Gerade dann kann ein geringer Einkommenszuwachs Erhebliches bewirken und einen großen Unterschied im Leben machen. Leider neigen wir generell dazu, unsere Erfahrungen zu verallgemeinern und linear hochzurechnen. Wir gehen davon aus, dass es stetig immer so weitergeht, wie es angefangen hat. Beim Geld und seinen Möglichkeiten ändert sich allerdings die Tendenz, was die meisten Menschen nicht oder erst viel zu spät bemerken. In der ganzen Schöpfung gibt es nichts, was sich linear entwickelt. Alles ist gekrümmt, in Wahrheit gibt es gar keine gerade Linie.

Wer während der Ausbildung über sehr wenig Geld verfügt, wird sich einzuschränken lernen und spar- und genügsam werden, was viele Vorteile für das kommende Leben hat. Nur so wird er späteren Luxus überhaupt schätzen und genießen können. Immerhin kommt das Wort vom lateinischen lux, was Licht bedeutet. Damit Luxus Licht ins Leben bringt, muss der Gegenpol bekannt und am besten sogar erlebt worden sein. Wenn sich später aufgrund der ersten Anstellung ein kleiner Einkommenszuwachs ergibt, wird er große Erleichterung bringen. Mit diesem objektiv geringen Zuwachs an Geld lässt sich das Leben dramatisch verbessern. Weitere geringe Zuwächse führen ebenfalls zu einem neuerlichen spürbaren Anstieg der Lebensqualität. Mit den Jahren mögen die Zuwächse wachsen, aber die Veränderungen, die dadurch im Leben zu erreichen sind, werden trotzdem immer bescheidener.

Meistens wird das schon nicht mehr bemerkt, denn das Geldverdienen hat in der Regel längst eine Eigendynamik erreicht, die die Betroffenen hindert, zu erkennen, dass ihnen immer mehr Geld immer weniger nützt. Wenn jemand schon fast alles hat, was mit wenig Geld zu kaufen ist, braucht er viel Geld, um sich noch einigen Zusatzluxus leisten zu können. Es wird jetzt immer mehr Geld notwendig, um noch etwas zu verbessern.

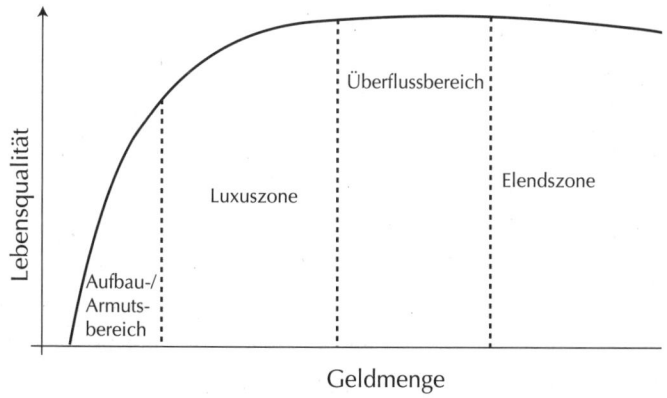

Wenn die beste Stereoanlage in die teuerste Wohnzimmereinrichtung integriert ist, das Haus im richtigen Viertel entsprechenden Eindruck macht und Staunen die kleinen Jungs der Nachbarschaft erfüllt, wenn sich das Garagentor öffnet, wenn 5-Sterne-Hotels das Übliche geworden sind, und Erster-Klasse-Reisen Standard, kommt ein gefährlicher Moment, der meist im Trubel des Geldspiels untergeht.

Davor liegt eine Phase der Gewöhnung. Was zu Beginn wundervoll ist, wird schnell selbstverständlich, und damit geht der Genuss daran meist schon zurück und irgendwann ganz verloren. Es wird jetzt extrem aufwendig, mit Geld noch mehr Lebensqualität zu erreichen. Manche versuchen es mit extrem teuren Reisen, erlesenstem Essen und kostbarstem Schmuck, einige mit einzigartiger Kunst, doch es wird immer schwieriger und vor allem teurer, noch etwas wirklich Spürbares zu erreichen.

Schließlich kommt sogar ein Punkt, wo die Kurve der Lebensqualität gar nicht mehr steigt. Man braucht jetzt erhebliche Einkommenszuwächse, um den Lebensgenuss nur auf gleichem Niveau zu halten. In dieser Situation merkt kaum noch ein Betroffener, was ihm widerfährt. Geldverdienen ist jetzt zu einer Art Reflex geworden, über dessen Sinn nicht mehr nachgedacht wird. Auch dass es immer mehr sein muss, ist längst zu einer selbstverständlichen Annahme geworden, die nicht mehr überprüft wird.

Es kann jedoch noch schlimmer kommen. Die Kurve der Lebensqualität kann sich sogar wieder senken, was zu der paradoxen Situation führt, dass Betroffene immer mehr Geld verdienen müssen, nur um sich noch etwas mehr Sorgen machen zu können und sich noch etwas schlechter zu fühlen. Das geschieht vor allem, wenn schon viel Geld angehäuft ist und alle Bedürfnisse, die damit befriedigt werden können, abgedeckt sind. Die zusätzlichen Geldmengen führen jetzt nur noch dazu, dass die Verlustangst steigt und die Maßnahmen zur Bewachung der Geldberge immer aufwendiger werden und zudem die Begehrlichkeiten der Umgebung wachsen. Außerdem muss man sich möglicherweise ständig mehr bemühen, um immer mehr Geld zu verdienen. Der Geldverdienmechanismus kann sich jetzt in Verbindung mit der unreflektierten Annahme, dass immer mehr Geld immer besser ist, schon so verselbstständigt haben, dass die Betroffenen ihre verrückte Situation gar nicht mehr durchschauen und ihr Heil in der Flucht nach vorn zu immer mehr Geld suchen – wobei in Wirklichkeit nur das Unheil wächst, leider meist, ohne dass Bewusstsein für diese Entwicklung entsteht. Dieses Schicksal erleiden zunehmend Spitzenverdiener in der globalisierten Gesellschaft des Turbokapitalismus, die uns hier mit einem weiteren Paradox konfrontiert.

Immer weniger Menschen verdienen in dieser Gesellschaftsform immer mehr Geld. Während die Einkommen der unteren Schichten stagnieren oder sogar sinken, steigen die Einkommen der Spitzenleute fast ungebremst. Diese werden aufgrund des Konzentrationsprozesses mit seinen

Fusionen insgesamt eher weniger, während die Zahl der Geringverdiener wächst. Diese produzieren in einer Tour eine ungeheure Fülle von Produkten, die sie sich selbst immer weniger leisten können. Die Zeit hätten sie, zumal wenn Sie von kürzer werdenden Arbeitszeiten profitieren. Die Spitzenverdiener hätten natürlich alles Geld der Welt, um sich alles leisten zu können, was das Herz begehrt, nur leider haben sie keine Zeit. Und das Herz begehrt diese Dinge auch meist gar nicht wirklich.

Am krassesten wird dieser Widerspruch bei den Arbeitslosen, die zu dieser Gesellschaftsform gehören wie das Salz in die Suppe. Sie haben alle Zeit der Welt, um alle Angebote zu genießen, aber nicht das Geld, sie sich zu leisten. Kurz gesagt, produziert diese Gesellschaft im Überfluss Dinge für Menschen, die sich nicht die Zeit nehmen, sie zu nutzen, während diejenigen mit genügend Zeit kein Geld dafür haben.

Besonders auffällig wird dieser Widerspruch in den immer fantastischer und aufwendiger werdenden Wellness-Oasen der Spitzenhotels. Sie wirken in der Regel leer bis verlassen, was nicht nur am meist fehlenden inhaltlichen Programm liegt, sondern vor allem daran, dass die Leute, die sich solche Hotels leisten können, in der Regel gar keine Zeit für Wellness haben. Die Arbeitslosen, die sie hätten, sind natürlich unerwünscht. An der verrückten, an sich logischen Forderung, die leeren Wellness-Oasen der Spitzenhotels für die zahlreichen Arbeitslosen zu öffnen, wird der ganze Widersinn der Situation deutlich.

Diese pointierte Beschreibung der erreichten Situation ist natürlich überspitzt dargestellt. Wir brauchen an diesem Punkt noch nicht ernstlich Angst um unsere Wirtschaft zu bekommen, denn die Unternehmen ziehen selbstverständlich die Marktsituation in Betracht und passen sich mit ihrem Marketing jeder Zielgruppe mit entsprechenden Produkten an. Ganz gezielte Marktforschungen helfen dabei, wie auch sehr gezielte Manipulationen der Bedürfnisse, etwa über Werbung. Spitzenverdiener, die keine Zeit haben, werden mit Exklusivprodukten geködert, die ihre Einmaligkeit oft vor allem dem Preis verdanken. Hier wird vor allem über die oft enorme Verdienstmarge gearbeitet. Diese ist bei Billigprodukten für Geringverdiener und selbst Arbeitslose naturgemäß klein, aber hier bringt die Masse den Gewinn.

Wie ist es überhaupt möglich, sich in eine so ungünstige Position zu manövrieren, ohne es zu bemerken?

Paul Watzlawick hat das vor langer Zeit schon geklärt, als er aufzeigte, dass immer mehr vom selben keine guten Lösungen bringt. Der Mensch aber ist ein Gewohnheitstier und bleibt eingefahrenen Gleisen – selbst wenn sie ihn in die Irre führen – erstaunlich lange treu. Insofern gleicht er tatsächlich einem Esel, der für seine Sturheit bekannt, immer der gleichen Spur treu folgt. Hier wäre jenes Erwachen notwendig, das alle Religionen und Traditionen fordern.

Der russisch-armenische Sufi-Mystiker George Gurdjieff verglich die Menschheit mit einem Schlafsaal, in dem alle schlafen bis auf ganz wenige, die allein die Situation durchschauen. Die Schlafenden träumen und halten sich dabei für wach. Lediglich die Erwachten erkennen die anderen und sehen, dass der Rest schläft.

Zusammenfassung der Geldlogik

Zu Anfang bringt wenig Geld viel Lebensgenuss, dann bringt viel mehr Geld immer weniger, schließlich führt immer mehr Geld zu immer größeren Problemen. Wer schon in der Kindheit eingehämmert bekam, er müsse sich alles hart erarbeiten, ist gefährdet, einfach blind weiterzuschuften, auch wenn das ökonomisch schon keinen Sinn mehr macht. Besser wäre die Erziehungsdevise: Du wirst immer genug (Geld) haben, wenn du deinen Weg gehst, also den Beruf wählst, der wirklich Berufung ist, und einen Partner, ohne Rücksicht auf ökonomische Vorteile, liebst.

> *»Geldverdienen ist jetzt zu einer Art*
> *Reflex geworden, über dessen*
> *Sinn nicht mehr nachgedacht wird.«*

Übung 12: Mein Platz auf der Geldkurve
Studieren Sie das Diagramm mit der Geldkurve vor dieser Übung, gehen dann in die gewohnte Entspannung, um sich und ihr Unbewusstes wieder mit den anstehenden Fragen zu beschäftigen.
- Wo bin ich auf der Geldkurve angekommen? Bin ich noch am aufsteigenden oder schon am absteigenden Ast? Was folgt daraus für mich?
- Steht der Zuwachs an Lebensqualität, den ich durch mehr Geld erreiche, im Verhältnis zur zusätzlichen Anstrengung?
- Gibt es noch für Geld käufliche Dinge, die mein Leben wirklich bereichern könnten?
- Hab ich mehr Mangel an Zeit oder an Geld?
- Kann ich mein Geld überhaupt noch in einem mein Leben unterstützenden Sinn ausgeben? Oder ist es schon zu viel dafür? Oder hab ich noch Nachholbedarf?
- Will ich mit Vererben Freude machen oder Abhängigkeit schaffen auf Seiten der Erben?
- Warte ich auf eine Erbschaft? Bin ich in Gefahr, mein Leben wegen dieser Erwartung zu vertagen und zu vertun? Welche Bedingungen muss ich befürchten?

Zeit = Geld = Zeit?

Diese Gleichung muss vor allem durchschauen, wer das Mysterium des Geldes enträtseln will. Wenn Zeit Geld ist, muss Geld auch Zeit sein, denn es ist die grundlegende Bedingung einer Gleichung, dass sie umkehrbar ist. 3 + 4 = 7, weil 7 = 4 + 3.

Dass die Gleichung Zeit = Geld gar nicht umkehrbar ist, haben mir viele, vor allem ältere, im Laufe ihres Lebens reich gewordene Männer auf tragische Weise deutlich gemacht. Es gab Wochen in der Praxiszeit, wo es zwei- und dreimal vorkam, dass solch reiche ältere Herren Hilfe suchend vor mit saßen. Sie hatten im Laufe ihres Lebens alle Regeln des Geldspiels mit Ausnahme des Polaritätsgesetzes durchschaut und oft sehr viel Reichtum angehäuft. Dann hatten sie – nicht selten bei einer Routineuntersuchung – eine Diagnose erhalten, die ihnen nur noch wenig (Lebens-)Zeit ließ, jedenfalls viel weniger, als sie erwartet hatten, sofern sie nicht überhaupt unbewusst davon ausgegangen waren, unsterblich zu sein.

Es ist besonders aberwitzig, dass ausgerechnet diejenigen unbewusst glauben, unsterblich zu sein, die gar nicht an die

Existenz der unsterblichen Seele glauben. Während diejenigen, die um die Unsterblichkeit der Seele wissen, in der Regel von der Sterblichkeit des Körpers ausgehen und kein annähernd so großes Problem darin sehen, ihn am Ende ihres Erdenlebens zurückzulassen.

Die solcherart von oft nicht gerade sensiblen Medizinern verschreckten reichen Patienten versuchen in der Regel, zuerst die Umstände zu zwingen, nach dem Motto, das ihr Leben auch bisher bestimmte: Immer mehr vom selben. Es bestimmt nach wie vor das Denken und Handeln jedenfalls der meisten Männer, sodass sie meist zuerst in die Mayo-Klinik in den USA flüchten, um eine günstigere Diagnose zu erwirken. Wenn dieser Versuch scheitert und ihre Frau oder Sekretärin Bücher von mir kennt, verschlägt es einige nach Johanniskirchen ins Heil-Kunde-Zentrum. Dann fallen Sätze wie »Koste es, was es wolle, Herr Doktor, bringen Sie mich wieder in Ordnung! Geld hab ich genug!« Meine Antwort, dass das keine Kostenfrage sei, wird meist erst mit Erstaunen und dann oft sogar mit Entsetzen quittiert.

Wer seine Zeit ein Leben lang für Geld verkauft hat, geht natürlich davon aus, dass er jetzt für all das Geld auch wieder (Lebens-)Zeit zurücktauschen könne. Dass das weder bei den US-Spezialisten noch sonst irgendwo möglich sein soll, lässt ihn verständlicherweise verzweifeln. Wenn ich ihm sagen muss, dass die Gleichung Zeit = Geld, auf die er sein Leben aufgebaut hat, falsch ist und immer war und es auch bleiben wird, breitet sich Entsetzen aus. Auch der Hinweis, dass man bei uns für eine Behandlung keinesfalls mehr bezahlen könne, macht das Dilemma deutlich. Es ist nicht so, dass Geld nichts nützt, doch es kann nicht alles und vor allem kann es keine Lebenszeit kaufen. So müssen sich auch reiche Männer selbst in die Psychotherapie einbringen und können der Bedrohung nur noch aus eigener Seelenkraft entkommen, um die sie sich meist ein Leben lang nicht gekümmert haben. Das macht es nicht leichter, das Ruder noch herumzureißen.

In solch einer lebensentscheidenden Phase zu erkennen, dass man Geld ein Leben lang überschätzt und die Seele unterschätzt hat, ist hart, ungleich härter als zu jeder anderen Zeit. Die Erkenntnis, dass ihr finanzieller Reichtum vergleichsweise wenig wert ist, wirkt in einer solchen Situation bedrohlich und manchmal geradezu vernichtend.

Wer die Unstimmigkeit der Gleichung Zeit = Geld dagegen schon früher im Leben durchschaut, wird sich solch böses Erwachen ersparen. Wer erst spät auf seinen Irrtum aufmerksam wird, hat natürlich schlechtere Karten im Spiel des Lebens, aber besser spät als nie!

Irrtum und Ausweg sind in der Analogie leicht zu durchschauen. Kein vernünftiger Tourist würde in einem Land mit weicher Währung gleich seinen ganzen Urlaubsschatz an harten Euros in die Landeswährung wechseln, weil er weiß, dass er am Ende nicht zurücktauschen kann. Stattdessen würde er nur, was er für die nächsten Tage braucht, umtauschen. Kaum jemand macht hier Fehler.

Warum nur ist das Gleiche für die Mehrheit der Menschen so viel schwieriger zu verstehen, wenn es um die wichtigsten Währungen geht, unseren Reichtum an Lebenszeit und Lebenseinkommen? Wer seine ganze Lebenszeit in Geld umwechselt, eine Währung, die dann gar nicht konvertibel ist, macht diesen kapitalen Fehler.

Wer mit 65 erst zu leben beginnen will und bis dahin sein Leben im wahrsten Sinne des Wortes vertagt, hat sowieso schlechte Karten. Eine das Leben stark begrenzende Diagnose macht dieses Dilemma nur erschreckend deutlich. Mit solch einer Diagnose am Hals gelingt es nur ganz wenigen, die verbleibende Zeit noch zu genießen und zu nutzen. Die meisten Betroffenen verbringen die Restzeit genau wie die bisherige Lebenszeit weiter im Krieg. Haben sie bisher an der Geldfront gekämpft, wechseln sie jetzt lediglich den Kriegsschauplatz und kämpfen an der Krankheitsfront weiter. Von den wenigen, die diesen Kampf ums eigene Leben gewinnen, fangen wenigstens einige dann und durch diesen Schock an, zu leben und zu genießen, zu wachsen und sich zu entwickeln in einem Sinn, den sie schon das ganze Leben hätten verfolgen können.

Als Arzt ist mir unverständlich, warum so viele Menschen erst eine »tödliche Diagnose« brauchen, um mit dem Leben zu beginnen. Wobei solche Diagnosen immer sehr ambivalent sind, denn einerseits können sie schon an sich tödlich wirken, andererseits jedoch auch zu neuem Leben aufrütteln.

Die Chance erkennen

Eine besonders eindrucksvolle Krankengeschichte mag einen frühzeitigen Ausweg andeuten, auch wenn sie mit dem Geldthema auf den ersten Blick wenig zu tun hat. Eine Patientin bekommt Anfang der Achtzigerjahre anlässlich der Geburt ihres ersten Kindes, die sie sehr mitgenommen hat, eine Blutkonserve, um schneller wieder zu Kräften zu kommen. Nach einem halben Jahr wird bei einer Routinekontrolle aller mit Blut versorgten Patienten bei ihr der HIV-Virus diagnostiziert. In der Unsicherheit der frühen Achtziger sagen ihr die Ärzte, die es damals nicht besser wissen, dass sie damit rechnen müsse, bald zu sterben.

Während ihr Mann seine Kräfte in juristischen Kämpfen (gegen die angeblich schuldigen Ärzte) verschleißt, stellt sie sich darauf ein, jeden Tag zu leben, als wäre es ihr letzter, und in der verbleibenden Zeit ihrem gesunden Kind eine gute Mutter zu sein. Notgedrungen wird ihr Leben so immer bewusster, während ihr Mann seinen frustrierenden Kampf um Entschädigung verloren geben muss. Die Jahre vergehen, der Mann sucht für seine Frau überall Hilfe, und so versuchen auch wir, ihr mit unseren therapeutischen Mitteln unter die Arme zu greifen. Ihre Immunabwehr bleibt gut, und eigentlich hat sie die entscheidende Hilfe schon bekommen: Sie lebt jeden Tag, als sei es ihr einziger und letzter.

Schließlich kommt das Kind in den Kindergarten, und dem Mann fällt auf, dass seine Frau ihn in ihrer geistig-seelischen Entwicklung überflügelt hat. Er beginnt zu meditieren und versucht – über Meditationskurse –, mit ihr Schritt zu halten. Am liebsten hätte er eine Hilfe, wie seine Frau sie bekam, und ich muss ihm sagen, dass über uns allen das gleiche Damoklesschwert des Todes schwebt und dass er und ich noch vor seiner Frau sterben könnten. Sie hat uns lediglich diesen ernsten Hinweis des Schicksals voraus und sie hat ihn – im Gegensatz zu den meisten – angenommen und genutzt.

Um es kurz zu machen: Ihr Kind kommt in die Schule und fängt Jahre später an zu studieren. Inzwischen ist die Frau in der Umgebung bekannt, man holt sich Rat bei ihr und weiß, dass sie ein ganz besonderer Mensch ist. Außer uns dreien weiß niemand in der Gegend um ihr Geheimnis. Aids ist bis heute kein Thema in ihrem Leben, und sie ist diesem Hinweis des Schicksals sehr dankbar.

All die verschiedenen Schicksalsschläge wie Un- und Krankheitsfälle könnten wir als Hinweise nehmen, als Korrekturversuche im Sinne von »Krankheit als Symbol«, um uns selbst zurück auf den (Entwicklungs-)Weg zu locken. Wer dahinter die Gesetze der Resonanz und Polarität erkennt, hat ungleich bessere Karten, aus sich und seinem Leben etwas zu machen, als all jene, die die Gesetzmäßigkeiten übersehen und an blinden Zufall glauben. »Zufall« hat einmal jemand gesagt, der es wissen muss, »ist das Pseudonym, das Gott sich gibt, wenn er nicht erkannt werden will«. Wer sich nur ein wenig bemüht, wird herausfinden, dass es den immer wieder landläufig angeschuldigten Zufall gar nicht gibt. Zufall ist vielmehr, was uns gesetzmäßig zufällt, wenn wir Resonanz dazu entwickeln.

Die Frage, die sich hier stellt: Brauchen wir erst solche Diagnosen, um zu verstehen, dass Zeit nicht Geld ist, dass Lebenszeit ungleich wertvoller ist? Gerade weil nichts im Leben so sicher ist wie der Tod, könnten wir da nicht heute anfangen zu leben, das Leben jetzt zu wagen und es dabei lieben zu lernen?

> *»Wir müssen die Veränderung sein,*
> *die wir in der Welt sehen wollen.«*
> Mahatma Gandhi

Übung 13: Zeit und Geld
Lassen Sie die folgenden Fragen in bewährter Weise in der Meditation auf sich wirken.

- Inwieweit bestimmt die Gleichung Zeit = Geld mein Leben?
- Was ist mein Preis für meine Zeit?
- Wie viel Geld besitze ich im Augenblick und wie viel Zeit ist darin gespeichert?
- Mit wie viel Lebenszeit rechne ich, oder glaube ich an die physische Unsterblichkeit?
- Glaube ich an eine unsterbliche Seele, und was ist sie mir wert? Wie viel Zeit und Geld bin ich bereit, in sie zu investieren?
- Häufe ich materiellen Reichtum an, obwohl ich weiß, dass ich diesen sicher nicht mitnehmen kann? Glaube ich, dass Geld glücklich macht?

Übung 14: Mein letztes Lebensjahr
Stellen Sie sich einmal vor, Sie hätten – aus welchem Grund auch immer – nur noch ein Jahr zu leben, was würden Sie anders machen? Und was würden Sie überhaupt machen?
Wenn Sie diese Übung intensivieren wollen, legen Sie sich dazu auf das Grab eines schon vorausgegangenen Freundes oder Verwandten.

Übung 15: Jetzt leben
Stellen Sie sich in der Meditation die folgenden Fragen und warten auf die dazu aufsteigenden ersten Gedankenimpulse.
- Mit wie vielen Lebensjahren rechne ich?
- Ab wann will ich mit dem Leben beginnen?
- Worauf warte ich? Worauf spare ich?
- Was könnte mich und mein Leben retten?
- Was könnte mich zum Leben erwecken?
- Was mute ich meinem Schutzengel oder Schicksal an Schlägen zu, die sie arrangieren müssten beziehungsweise die ich nötig hätte, um aufzuwachen für mein Leben?
- Bin ich noch zu retten?

Die eigene Lebensplanung

Wie kann es sein, dass wir im Leben Fehler machen, die uns im Urlaub nie passieren würden? Die große Mehrheit zum Beispiel arbeitet fast ein ganzes Leben lang wie besessen, um zum Schluss Rente oder Pension zu bekommen und zu genießen. Dass das oft ungünstig ausgeht und meist überhaupt nicht klappt, müsste sich eigentlich schon herumgesprochen haben.

Wir wollen, wenn wir ehrlich sind, alle alt, am liebsten uralt werden. Doch keiner will alt sein. Wenn wir aber alle etwas werden wollen, was dann niemand sein will, arbeiten wir darauf hin, unglücklich zu enden. Tatsächlich schaffen es die meisten von uns, alt und notgedrungen auch unglücklich zu werden. Seit Jahrzehnten werden wir sogar immer noch älter, und vieles spricht dafür, dass wir damit auch wachsende Chancen auf Unglücklichsein ernten.

Es wäre ungleich intelligenter, schon die ersten 80% des Lebens zu genießen und die Arbeits- und Genusszeit anders aufzuteilen. Warum die ersten vier Fünftel des Lebens mit Geldverdienen und Arbeit zupflastern in der vagen und eher unrealistischen Hoffnung, das letzte Fünftel genießen zu können? Warum nicht wenigstens diese 20% Genusszeit auf das ganze Leben verteilen und immer wieder Highlights einstreuen? Dann hätte man ungleich mehr davon und würde erleben, dass Arbeit und Genuss nicht automatisch Gegensätze sein müssen.

Das Hauptargument dagegen lautet, man müsse für die Zeiten, wo die Kräfte nachlassen und die Krankheiten des Alters kommen, finanziell gerüstet sein. Doch warum nicht darauf hinarbeiten, dass die Kräfte nur wenig und nur körperlich nachlassen und die seelischen und geistigen und vor allem spirituellen lebenslang weiterwachsen? Warum nicht den Krankheitsbildern des Alters rechtzeitig vorbeugen, wie in »Krankheit als Symbol«[2] aufgezeigt?

Ein Leben lang Geld zu sparen, um es dann im Alter, wenn die chronischen Krankheitsbilder auch mit schärfsten Unterdrückungsmethoden der Schulmedizin nicht mehr wegzuretuschieren sind, zu den Medizinern zu tragen, ist höchstens für Pharmaindustrie und Medizyniker das Beste, für die Betroffenen ist es eine scheußliche Perspektive.

Wir können nicht für immer jung bleiben, wie jeder halbwegs intelligente Mensch auch weiß, aber wir können körperlich fit bleiben und uns seelisch, geistig und spirituell ein Leben lang weiterentwickeln. Mit diesem Lebensplan wäre es naheliegend, die 20% Freizeit nicht für den Schluss aufzusparen, sondern ins Leben einfließen zu lassen und so schon den Weg zu genießen. Das würde auch das Erreichen des Zieles eines gesunden gelungenen Lebens keineswegs unwahrscheinlicher machen, ganz im Gegenteil.

---

[2] *Ruediger Dahlke: »Krankheit als Symbol«, München 2007*

Freiräume schaffen

Wie könnten wir wirkliche Freizeit in unser Leben bringen? Für viele ergibt sie sich harmonisch aus dem Tages-, Wochen- und Jahresablauf, für immer mehr aber sind selbst diese selbstverständlichen Pausen den modernen Druckmechanismen zum Opfer gefallen. Hilfe kann ein altes Symbol veranschaulichen:

Dem Tai-Chi-Symbol entsprechend, entsteht Harmonie, wenn Yin und Yang, Aktivität und Passivität, ausgeglichen sind.

Im Schlaf der Nacht haben wir zum Beispiel neben der Ruhe- auch aktive Traum- oder REM-Phasen. Eine gute und altbewährte Methode, bewusst einen solchen Ausgleich während des Tages zu schaffen, ist, uns einen Mittagsschlaf zu gönnen. Wissenschaftliche Untersuchungen haben ergeben, dass wir damit auch am Nachmittag noch eine Chance auf Leistung und Zufriedenheit haben. Wer ein ähnliches Hoch wie am Vormittag anstrebt, wäre mit einer »Tiefenentspannung[3]« noch besser dran, weil sich aus dem damit erzielten Alphazustand mit der Zeit noch tiefere Theta-Zustände einstellen. Dabei handelt es sich um Gehirnwellenmuster, die die Entspannungstiefe verraten. Würden wir diese Chance noch einmal nach dem Arbeitstag in unseren Tagesrhythmus einbauen, hätten wir sogar die Möglichkeit, aus dem Abend wieder einen Feierabend zu machen. Wer sich mit dieser einfachen Entspannungstechnik die Nachmittage und Abende seines Lebens zurückerobert[4], wird zwei Drittel mehr Lebenszeit und vor allem Lebensqualität gewinnen und kann, wenn er denn will, einiges davon sogar zu Geld machen. Diese kleine Umstellung würde sich also *auszahlen*.

In dieser Richtung lässt sich weitergehen. Wir könnten uns (und Gott) einer alten Tradition folgend jede Woche einen freien Tag schenken und wirklich etwas tun, was der eigenen Trinität von Körper, Geist und Seele guttut.

---

[3] *Ruediger Dahlke: CD, »Tiefenentspannung«, München 2002. Oder Ruediger Dahlke: CD, »Ganz entspannt«, München 2007. Oder das speziell für solche Pausen entwickelte Programm Ruediger Dahlke: CD, »Erquickendes Abschalten mittags und abends«, München 2005*

[4] *Ruediger Dahlke: »Schlaf – die bessere Hälfte des Lebens«, München 2005*

Wer dagegen den ganzen Tag in Hektik auf der Jagd nach Erfolg und letztlich Geld verbringt, sogar die Mittagspause opfert, wird in der Regel trotzdem nicht fertig mit seinem Tagewerk, und der Feierabend fällt aus. Dann geht meist das hektische Primärelend der Arbeit direkt in das ähnlich stressige Sekundärelend des Fernsehens über, von Feiern eines Feierabends also keine Spur. In der Analogie entspricht der Tag dem Jahr und dem Leben, und aus seinem Verlauf lassen sich Schlüsse ziehen. Wer ein Leben lang keinen Feierabend kannte, hat auch keine guten Aussichten auf einen geruhsamen Lebensabend.

Da wäre es ungleich besser, mittels Mittagsschlaf den Nachmittag zu retten und nach der Arbeit das Ergebnis des Tages wirklich zu feiern. Wenn jeder Tag auch geruhsame und erhebende Abschnitte hat, wird das ganze Leben in einer logisch nicht nachvollziehbaren Weise davon profitieren und sogar das dazu gehörende Konto.

Auf Geld bezogen, hieße das, sich schon auf dem Weg einiges zu leisten, anstatt alles für das Ziel zu sparen. Manche Menschen stellen in der Rente erstaunt fest, dass sie ihr ganzes aufgespartes Geld gar nicht mehr ausgeben können. Der gutbürgerliche Ausweg liegt im Vererben. Damit kann man sich den Geschmack der Unsterblichkeit verleihen, wenn auch nur auf eher makabre Weise. Mit der Aussicht auf Erbschaft kann man es schaffen, das Leben der eigenen Kinder und Kindeskinder fast beliebig zu manipulieren. Wie sinnvoll das ist, müssen wir noch gesondert betrachten.

Viele moderne Reiche glauben – aufgrund der bei uns üblichen Verdrängung des Themas Tod – gar nicht an ihr Ende, sondern gehen völlig unbewusst von eigener Unsterblichkeit aus. Vielleicht raffen sie deshalb Geld für mehrere Inkarnationen zusammen, obwohl sie nur an eine glauben. In einer von Religion getragenen Gesellschaft würden solche Irrtümer sogleich auffliegen. Selbst in einer archaischen Gemeinschaft käme man damit nicht einmal im Kleinen durch.

Wenn etwa in einem ursprünglichen indianischen Volk ein Stammesangehöriger einfach weiterarbeiten würde, obwohl er die Wintervorräte längst beisammen hätte, würde man ihn zum Medizinmann bringen. Bei uns ist dieser Irrsinn dagegen üblich. Dort würde aber auch jemand, der 20 Tippies aufstellt, obwohl er nur in einem wohnen kann, für verrückt gehalten. Bei uns findet keiner etwas dabei, 20 Häuser mit 100 Wohnungen zu besitzen und nicht mal in einer richtig zu wohnen und das zu genießen.

Wo wir uns schon so viel auf unseren Verstand einbilden, könnten wir ihn immerhin beim Thema Geld in die Lebensplanung mit einbeziehen, und nachdem wir die Falschheit der Gleichung Zeit = Geld durchschaut haben, uns in der Planung auf dieses eine Leben beschränken. Selbst Menschen, die an die Wiedergeburtslehre glauben, wären damit gut beraten, denn auch all die Religionen, die diesem Gedanken verpflichtet sind, gehen davon aus, dass sich im Gegensatz zu seelischen Erfahrungen in materieller Hinsicht nichts mitnehmen lässt. Verschiedene Witze aus allen möglichen Kulturen widmen sich dem hier möglichen Irrtum:

Liegt ein steinalter und unermesslich reicher Katholik auf dem Sterbebett, die Professoren der Medizin sind in den Hintergrund gerückt, die Kardinäle treten in die erste Reihe. Der Sterbende jammert: »Ach, könnte ich doch wenigstens meine Golddukaten mitnehmen!« Sagt spontan der Messdiener: »Die würden bei Ihnen doch nur schmelzen.«

Der auf den Tod erkrankte Moishe liegt bereits erblindet auf seinem Totenbett, und die ganze Familie hat sich um ihn versammelt. Da er nichts mehr sieht, fragt er: »Abraham, mein Ältester, bist du da?« Als dieser bejaht, fragt er nach Sarah, seinem Weib, und so die ganze Reihe durch, bis er schließlich beim Jüngsten landet: »Benjamin, mein Jüngster, bist auch du da?« – »Ja, Vater«, piepst Benji. Da richtet sich der alte Moishe noch ein letztes Mal von seinem Lager auf und schreit mit lauter Stimme: »Und wer ist dann im Geschäft?« Dann stirbt er.

In der Regel fallen Anhänger östlicher Religionen weniger häufig auf dieses Thema herein, wohingegen bei uns im Westen die Kombination aus Überbetonung des Materiellen und Vernachlässigung alles Immateriellen und insbesondere der Religion zu einer Fülle von Irrationalitäten im Hinblick auf Geld führt. Dabei weiß natürlich auch unsere Religion, dass das letzte Hemd keine Taschen hat. Trotzdem gibt es so seltsame Unterfangen wie den Versuch eines steinreichen US-Popstars, mithilfe von Notaren und Anwälten sein Vermögen in die nächste Inkarnation zu retten. Die ins Auge gefassten Methoden der Seelen- oder Tulkusuche der Vajrajanabuddhisten, mit denen diese die Wiedergeburten hoher Lamas suchen, wirken hier seltsam fehl am Platze.

Wer seinen Tagesablauf in Ordnung gebracht hat, wird sich leichter tun, das sich aus Tagen ergebende Leben entsprechend einzurichten und zu genießen. In der Woche nimmt er sich geschickterweise einen ganzen Tag für sich, im Monat mit großem Vorteil ein Wochenende. Dies ist genau jene Zeitspanne, die heute viele moderne Frauen dem sogenannten PMS opfern, jener Zeit des Unwohlseins vor und während der Periode. Würde sie einmal im Monat ganz bewusst und freiwillig der Regeneration und Entspannung gewidmet, könnte der ganze Mondzyklus davon profitieren.[5]

Pro Jahreszeit und Quartal wäre es gut, sich eine Woche der Erholung zu gönnen, die Geld kosten darf, anstatt welches einzubringen. Wie Phönix aus der Asche könnten die solchermaßen auf den Geschmack gekommenen Genießer danach wieder auftauchen und anschließend umso mehr erreichen.

---

[5] *Ruediger und Margit Dahlke, Volker Zahn: »Frauen-Heil-Kunde«, München 1999*

Ideal wäre dann noch ein ganzer Mondzyklus pro Jahr, was einem Monat und in etwa dem vierwöchigen Sommerurlaub entspräche. Es wäre nur darauf zu achten, dass das gewählte Programm auch wirklich etwas für Körper, Seele und Geist bringt. Mit den üblichen Urlaubstagen unter Ausnutzung von Brückentagen und anderen kleinen Tricks ist solch ein Plan tatsächlich für viele durchaus realistisch.

Die Krönung wäre dann noch ein Sabbatjahr pro Lebenshälfte. Aus persönlicher Erfahrung kann ich sagen, dass sich mein freies Orientierungsjahr nach dem Studium sehr bewährt hat und meiner Arbeit eine ganz andere Grundlage geben konnte als die akademischen Vorbereitungen. Entgegen all den Einwänden der familiären und sonstigen Bedenkenträger hat es keinesfalls meinem Erfolg geschadet, ganz im Gegenteil, und das sicher sogar in ökonomischer Hinsicht.

Noch wichtiger aber wäre ein Sabbatjahr in der zweiten Lebenshälfte, um wirklich die Kurve im Leben zu kriegen und sich auf die entscheidenden Themen des Rückweges einzustellen. Jetzt sollte es – im Hinblick auf Geld – eher darum gehen, es für die eigene Entwicklung nutzbar zu machen, als es noch verdienen zu müssen.

> *»Wer seinen Tagesablauf in Ordnung*
> *gebracht hat, wird sich leichter tun, das*
> *Leben zu genießen.«*

Zeit = Geld = Zeit? 95

Übung 16: Standortbestimmung
Stellen Sie sich in der Meditation die folgenden Fragen und warten auf die dazu aufsteigenden ersten Gedankenimpulse.
- Worauf warte ich in meinem Leben? Wie lange will ich noch warten?
- Neige ich dazu, Dinge zu verschieben und ganz aufzuschieben?
- Kann ich die Bücher, die ich für die Rentenzeit aufhebe, noch realistisch lesen?
- Neige ich dazu, Unangenehmes aufzuschieben?
- Neige ich dazu, mir schöne Dinge vorzuenthalten und auf später zu vertagen?
- Kann ich die Reisen, von denen ich geträumt habe, überhaupt noch unterbringen? Oder sollte ich langsam starten?
- Wie viel Freizeit hab ich mir bisher schon vorenthalten? Welches Zeit- und Urlaubspolster ergibt sich daraus für mich?

Übung 17: Freizeitplanung

Stellen Sie sich die folgenden Fragen in der gewohnten meditativen Entspannung:

- Gönne ich mir eine Verschnaufpause in der Tagesmitte? Wie könnte sie in Zukunft aussehen?
- Erlebe und erinnere ich meine Träume lebhaft und bunt? Wenn nein, was wäre ich dafür bereit zu tun?[6]
- Wie könnte ich einen Tag in der Woche ganz mir selbst widmen?
- Was spricht in meinem Leben gegen ein freies Wochenende im Monat für mich? Wie könnte ich solch ein Wochenende gestalten?
- Wie könnte ich pro Jahreszeit eine Woche für mich aufbringen? Was würde meiner Seele, meinem Körper und meinem Geist diesbezüglich guttun?
- Wie könnte ich einen ganzen Monat pro Jahr für mich und meine Regeneration und Entwicklung gewinnen? Was in dieser Zeit für mich tun?
- Wie wäre ein Sabbatjahr für jede Lebenshälfte zu verwirklichen? Wie könnte ich ein in der ersten Lebenshälfte ausgefallenes in der zweiten nachholen?

---

[6] *Ruediger Dahlke: CD, »Eine Reise nach innen«, München 2006*

Die Qualität des Geldes

Dass viel Geld besser ist als wenig, ist jedem spontan klar. Nestroy brachte es mit seiner Frage auf den Punkt: »Die Phönizier haben das Geld erfunden. Aber warum so wenig?« Heute geht es beim Geld eigentlich fast nur noch um seine Quantität, und alle wollen möglichst viel davon haben, wohl gar nicht, weil sein Besitz so angenehm wäre, sondern weil es die Fülle der Möglichkeiten darstellt. So mag die Frage berechtigt erscheinen: Hat Geld überhaupt eine Qualität?

Andererseits alles, was Form annimmt, hat auch Inhalt. Schon in der (Lebens-) Schule des Pythagoras gab es das Wissen um die Qualität der Zahlen, wenn es auch dem inneren Kreis der Schule (»esoteros« genannt) vorbehalten war, während der äußere Kreis (»exoteros«) sich nur um den Aspekt der Quantität der Zahlen kümmerte. Heute wird in den Schulen natürlich nur noch der pythagoreische Lehrsatz in seinem quantitativen Aspekt gelehrt, ähnlich wie uns fast überall nur noch dieser interessiert und der der Qualität auf der Strecke bleibt.

Dass Geld auch Qualität hat, scheint auch schon deshalb plausibel, weil sonst Ausdrücke wie *Schwarz-* oder *Blut*geld gar keinen Sinn ergäben. Und warum würde Ersteres gewaschen, wenn es nicht die Qualität des Schmutzigen hätte? Gibt es also doch gutes und schlechtes Geld? Die Belohnung des gesellschaftlichen Rattenrennens spiegelt sich fast nur noch in der Quantität des Geldes. Folglich wollen ganz viele möglichst viel davon haben, ohne Rücksicht darauf, wo es herkommt.

Das Problem dabei ist, dass die Seele viel altmodischer ist und noch an Werten hängt, die der Zeitgeist schon längst hinter sich gelassen hat, und deshalb dieses moderne Spiel nur sehr bedingt mitmacht. Für sie gibt es tatsächlich gutes und schlechtes Geld. Ein Beispiel aus der Psychotherapie-Praxis mag das erhellen. Ein reich gewordener Immobilienmakler kam wegen chronischer Schlafstörungen, die ihm kaum noch Ruhe ließen. Seine Nerven waren zerrüttet, obwohl sein Geschäft gut lief und seine Beziehung nach eigenen Angaben ebenfalls gut war. Die Psychotherapie ergab, dass seine Seele, die Art seines Geldverdienens bewertete und nicht akzeptierte. Sie revoltierte und raubte ihm den Schlaf und die (Nacht-)Ruhe. Weil die bisher weitgehend ignorierte Seele unruhig und in Aufruhr war, verlor er seine gesamte innere Ruhe, denn auch tagsüber belasteten ihn Konzentrationsstörungen, und seine Nerven spielten ihm eskalierende Streiche bis hin zu unkontrollierten Tränenausbrüchen. Er hatte sein vieles Geld vor allem dadurch verdient, dass er – nach eigenen Worten – »hart an der Grenze der Legalität« Menschen aus ihren Altbauwohnungen »vertrieben« und die in kleine Einheiten aufgeteilten, luxuriös renovierten Wohnungen teurer verkauft hatte. Die Wiedergutmachungsforderungen seiner Seele waren ihm fremd und zuwider, andererseits machte ihn die Schlaflosigkeit nervlich fertig.

Die Botschaft war klar: Er sollte die Augen nicht länger vor seiner »Arbeitsweise« verschließen, sondern wach werden für deren »unmoralischen« Hintergrund. Auch die Tränenausbrüche passten gut dazu. Seine Seele war traurig und fühlte sich nach Weinen, wobei sein Intellekt gar keinen Zugang zu solchen Regungen zuließ. Er konnte sich nicht einmal erinnern, wann er das letzte Mal geweint hatte.

Die Therapie beziehungsweise der Ausweg aus dem Dilemma lief auf eine andere Art von Geldwäsche hinaus. Seine Seele wollte das Blut, das an seinem Geld klebte, gesühnt sehen. So besuchte er schließlich auf den Spuren der Vertriebenen Altenheime usw. und fand die meisten seiner Opfer gar nicht mehr (am Leben). Es schwante ihm düster ein Zusammenhang zwischen dem unerwartet raschen Ableben vieler seiner Opfer und den vorausgegangenen Aktionen seiner Entmietungspolitik. Schließlich sanierte er seine notleidende Seele halbwegs über großzügige Spenden und leistete auf diesem Weg Abbitte.

Die Qualität des Geldes

Übung 18: Geldqualität

Gehen Sie wieder in Ihren inneren Entspannungsraum und beschäftigen sich mit folgenden Fragen:

- Wie ist das Verhältnis von Quantität zu Qualität bei meinem Geld?
- Welche Qualität hat mein Geld in den Augen meiner Seele?
- Kann ich zu meiner Methode des Geldverdienens in jeder Hinsicht stehen?
- Welche Energie ist mit meinem Geld und Besitz verbunden?

Geld und Gefühle

»Nur durch die Liebe finden wir Sinn.
Wenn wir in Liebe aufgehen,
werden wir Sinn.«

Bruder David Steindl-Rast

Der Buddha sagt, alles Leben sei Leiden, und alles Leiden folge aus Anhaften. An nichts aber haftet der Mensch so wie an Geld und Besitz. An diese beiden hängen die meisten modernen Menschen ihr ganzes Herz. Da nun der Teufel – laut Bibel – der Herr dieser materiellen Welt ist, verschreiben sie sich diesem Prinzip. Insofern sind sie nicht weit vom Faust entfernt, der Mephisto seine Seele verkauft. Hinter all dem steckt die Gier und in diesem Fall die sprichwörtliche Geldgier. Insofern ist aus Sicht der buddhistischen Philosophie die Gier eine maßgebliche Ursache für Leiden.

Eine moderne Geschichte mag das illustrieren. Ein auf der Karriereleiter aufgestiegener Manager fing an, in der Boomzeit an der Börse zu spekulieren. Ein Viertel seines Vermögens könne er dazu ohne Weiteres verwenden, hatte ihm sein Geldberater gesagt. Er war so erfolgreich, strich Renditen von 30% und mehr ein, dass er bald sein halbes und dann sein ganzes Vermögen einsetzte. Dann kam die Gier in ihm hoch, und er setzte alles, was er hatte, ein und kündigte noch die Lebensversicherung. Als es weiter steil nach oben ging, bot er seiner Frau an, auch mit ihrem Geld zu »arbeiten«. Sie war kaum an Geld interessiert, sondern betreute mit Hingabe ihre Praxis und brachte ihr Geld ganz altmodisch zur Bank. Sie erlaubte ihm, fast nebenbei, auch ihr Geld zu verwenden. Die erzielten Zuwächse waren märchenhaft, und die beiden stießen abends gern mit Champagner auf Erfolge an, die ihm täglich recht zu geben schienen. Doch mit den Erfolgen stieg auch die Gier. Er wechselte von Aktien auf Geschäfte mit Optionsscheinen und war noch erfolgreicher.

Dann kam es, wie es kommen musste, und die Seifenblase aus Gier und Illusionen an der Börse platzte. Er versuchte, mit mehr Einsatz an Geld und Nerven dagegenzuhalten, und schaffte es, alles zu verlieren. So hatte er in kurzer Zeit sein und ihr gesamtes Vermögen, das sie in 26 beziehungsweise 24 Jahren erarbeitet hatten, auf fast null gebracht. Erstaunlicherweise fing sie nun erstmals an, sich für Geld zu interessieren, und ihn mit entsprechenden Vorwürfen zu traktieren. Er war dem Selbstmord nahe.

Solch wirklich teure Therapien der eigenen Geldgier bietet die Börse am laufenden Band. Dagegen ist eine Psychotherapie, die auf den Schatten zielt, tatsächlich günstig, und dabei ist nicht nur, aber auch das Thema Gier mit eingeschlossen.

Was den beiden passiert ist, mag unter seelischen Gesichtspunkten vielleicht noch das Beste sein, was an der Börse erreichbar ist. Denn schlimmer für die Seele wäre noch, er wäre mit seiner Gier durchgekommen, und die beiden säßen heute auf Bergen von jenem Blutgeld, um das es bei den modernen Börsenspielen in Wirklichkeit geht. Solchen armen Seelen geht es erst richtig schlecht, was mit der Qualität des Börsengeldes zusammenhängen dürfte. Denn wie lassen sich solche Renditen anders erzielen als durch menschenverachtende Produktionsmaßnahmen, wie in »Woran krankt die Welt«[7] ausgeführt.

Tatsächlich hat er sich nicht umgebracht, und sie haben sich nicht einmal scheiden lassen. Aber sehr häufig wird Geld auch zum Scheidungsgrund. Bei den Scheidungen soll dann mit seiner Hilfe wieder Gerechtigkeit einziehen, was ebenfalls fast immer scheitert, weil Geld nicht einmal seelische Belastungen aufwiegen kann. Seine Möglichkeiten sind im Hinblick auf Glück oder auch nur auf Frieden wirklich mehr als begrenzt.

Nach seiner überteuerten Therapie an der Börse hat der Ehemann noch eine richtig günstige Schattentherapie in Johanniskirchen gemacht. Und da die beiden keine Chance mehr hatten, noch einmal so viel Geld *auf die Seite zu brin-*

---

[7] *Ruediger Dahlke: »Woran krankt die Welt«, München 2001*

gen, und auch nicht mehr daran beteiligt sein wollten, wenn dafür andere Menschen *um die Ecke gebracht werden*, haben sie beschlossen, ab diesem Zeitpunkt ihrer beider gutes Einkommen zu genießen und einfach zu leben, ohne zu sparen und zu spekulieren. Tatsächlich sind sie heute glücklicher als vorher, allerdings auch finanziell deutlich ärmer.

Das hätten sie an sich einfacher und vor allem viel billiger haben können, wenn sie auf die moderne Glücksforschung vertraut hätten. Diese kann heute belegen, dass Geld – bei Menschen oberhalb der Armutsgrenze – kaum noch Einfluss auf das Wohlbefinden hat, wie ja auch schon die Geldentwicklungskurve zeigte. Bestsellerautor Stefan Klein[8] führt mithilfe der Ergebnisse dieser Forschung eindrucksvoll aus, dass sowohl Geld als auch Ruhm die Lebenszufriedenheit sogar vermindern. Ehrgeiz entlarvt er dabei als besonders wirksames Folterinstrument. Noch schlimmer, die moderne Glücksforschung belegt, dass, selbst wenn die Wünsche im Rattenrennen um mehr Geld und Macht in Erfüllung gehen, das nicht zu Glück führt.

---

[8] *Stefan Klein, »Die Glücksformel«, Reinbek 2002*

Geld als Liebesersatz

Geld dient nicht selten als Ersatz für Liebe, sogar über den Tod hinaus – in Form von Erbschaften. Manchmal erleben die Erben erst bei der Testamentseröffnung, dass sie offenbar geliebt oder wenigstens gemocht wurden. Oft aber erleben sie auch im Gegenteil, dass sie über den Tod hinaus abgestraft werden, weil erwartete Zuwendungen ausbleiben. Dass hier auch das Wort Zuwendung verwendet wird, zeigt schon die Nähe von Geld und Liebe. Finanzielle und liebevolle oder zärtliche Zuwendung kommen sich in der modernen Welt nahe und können sich offenbar ersetzen.

Geld und Besitz als unflüssige und unbewegliche, manchmal sprichwörtlich in Immobilien versteinerte und festgeschriebene Form von Liebe, werden hier zu einer Währung, die Zuneigung ausdrücken kann.

Ähnlich und vielleicht noch tragischer ist es, wenn Eltern und meist Väter auch zu Lebzeiten nur diese Form kennen, ihre Liebe über finanzielle Zuwendungen zu zeigen. Wenn Kinder das andererseits akzeptieren, ist es immerhin eine Form von Liebe und viel besser als keine Zuwendung. Wenn ein Kind diese Situation als Problem des Vaters erkennt, wird es sich damit leichter aussöhnen können und fühlt sich weniger vernachlässigt. Besser ein Vater, der Alimente zahlt, als einer, der sich auch davor noch drückt.

Dass Geld die inzwischen beliebteste Belohnung ist, liegt öfter allerdings auch an der jüngeren Generation. Viele Kinder bekommen viel lieber Geld als konkrete Geschenke, weil es ihren individuellen Wünschen besser gerecht wird. Dass gute Zeugnisnoten mit Geld belohnt werden, ist längst üblich geworden. Dahinter steht auch der Gedanke »Ich bin stolz auf dich und hab dich lieb« – und zeige es dir mit diesem Geldschein.

Bei der sogenannten käuflichen Liebe haben wir uns an die Beziehung zwischen Liebe und Geld schon lange gewöhnt, wobei es sich hier natürlich nicht wirklich um Liebe handelt, sondern nur um deren körperliche Ausdrucksform Sexualität. Liebe ist eben nicht käuflich, sie ist nicht einmal plan- und lenkbar.

Wie so häufig verwechseln wir in modernen Zeiten zunehmend Form und Inhalt oder ersetzen Qualität durch Quantität. Waren früher alle auf der Suche nach der großen Liebe, gibt es heute stattdessen viel Sex für alle. In alten Zeiten lagen Form und Inhalt noch viel näher beieinander. Die Lebensmittel enthielten noch alles, was wir zum Leben brauchten. Heute sehen sie zwar noch ähnlich oder optisch sogar schöner aus, enthalten jedoch nicht mehr, was zum Leben notwendig ist. Statt wenig Lebensmittel haben wir nun viel Nahrungsmittel oder, wie es Ernährungslehrer sagen: »Wir leiden an einem Mangel an Inhalt(sstoffen) bei einem Überfluss an Nährwert.«

So wie Geld zum universellen Tauschmittel im Warenverkehr und inzwischen auch zur Welt beherrschenden Ware geworden ist, hat es auch in allen möglichen anderen

Bereichen Vermittlungsfunktion angenommen. Ein Vater, der sich inhaltlich nicht mehr um seine Kinder kümmert, zahlt eben Alimente.

So ernährt er sie zwar nicht mehr, zahlt der Mutter jedoch stattdessen Geld, damit sie es tun kann. Geld ist zum gängigsten Ersatz in der modernen Welt geworden.

Die Gier nach Geld, die sich auch Habsucht nennt, ist ebenfalls oft Ersatz für Liebe.

Dahinter steht meist die Vorstellung, dass, wer viel Geld hat, sich alles – eben auch alle Liebe – kaufen kann und dann sehr geliebt und verehrt wird. In Wirklichkeit wird er eher ein Opfer des Neides, jener negativen Form von Zuwendung, die in Vielem die Karikatur der Liebe darstellt.

Geld und Angst

Alle Angst wird auf der Seelenebene erlebt, Existenzangst jedoch meist nur auf materieller Ebene bearbeitet. Durch angestrengtes Anhäufen von Geld versuchen Betroffene, sich »Angstfreiheit« zu *verdienen*. So hoffen sie, alles kaufen zu können, was ihr Herz begehrt, und damit Angst zu mindern, was kaum klappt. Die Angst muss benannt werden, bevor sie gebannt werden kann, sagt Yoda in der Starwars-Trilogie und hat recht. Als Nächstes muss sie konfrontiert werden.[9]

---

[9] *Ruediger Dahlke: CD, »Angstfrei leben«, München 2002*

Der Volksmund behauptet zwar »Geld macht nicht glücklich, aber es beruhigt«, doch nicht mal das scheint generell zu gelten. Wer genau hinschaut, stellt fest, dass sich mit Geld an der Angst nicht viel ändern lässt, weshalb die Betroffenen in der Regel fortfahren, Geld anzuhäufen. Auch wenn es schon lange genug wäre, wird nach dem Motto »Immer mehr vom selben« weitergemacht, in der Hoffnung, dass sich die Angst ab einer bestimmten Größenordnung doch noch legt. Das bleibt fast immer Illusion. Außerdem wird damit das eigene Leben auf ferne Zukunft verschoben, wo das Geld eben reichen soll.Hier wird verständlich, dass Abraham Maslow, der erste Glücksforscher, dem Geld nur die Rolle eines Hygienefaktors zuerkannte.

Die Idee, dass das Leben losgeht, sobald »genug« verdient sei, ist ein echter Klassiker. »Morgen fange ich an zu leben« ist die Kernaussage, die vielen Menschen – wenn auch meist unbewusst – viele Lebensjahre und manchen das ganze Leben stiehlt. Der Grundgedanke ist: »Habe ich erst genug Geld, bekomme ich auch all das, was mich glücklich machen würde.«

Doch die herbe Wirklichkeit ist: Auch wenn man sich noch so bemüht, Geld kann diese Hoffnung nie erfüllen, selbst wenn man ein erreichbares »Genug« festlegt. Angstfreiheit oder empfundenes Glück lässt sich nicht mit Veränderungen im Sinne von mehr Geld auf der materiellen Ebene erreichen.

Wenn Geld schon die Existenzangst nicht nehmen kann – sie wäre besser im Sinne von »Krankheit als Symbol«[10] zu deuten und zu beheben –, sollte es doch wenigstens beruhigen, wie der Volksmund vermutet. Dass dieser Satz stimmt, denken und hoffen wohl all jene, die (gefühlt) zu wenig haben – also fast alle. Von den wenigen mir Bekannten, die im Überfluss leben, hat mir allerdings noch keiner vermittelt, was für ein beruhigendes Gefühl das sei. Im Gegenteil leiden die Reichgewordenen eher unter der Angst, wieder arm zu werden, und die Reichgeborenen unter der zu verarmen – von Beruhigung also keine Spur.

Tatsächlich entwickelt sich zwischen Geld und Angst wohl eher ein Teufelskreis in dem Stil, dass Angst dazu (ver-)führt, Geld anzuhäufen. Kaum hat man ein bisschen Geld, steigt die Angst noch, weil man fürchten muss, es wieder zu verlieren. Das soll sogar, wie ich hörte, für Menschen gelten, die über Milliarden verfügen. Wer viel hat, aber schon einmal mehr hatte, wird sich jedenfalls miserabel fühlen und meist schlechter als in früheren Zeiten, als er noch gar nichts hatte.

---

[10] *Ruediger Dahlke: »Krankheit als Symbol«, München 2007; und Ruediger Dahlke: CD, »Angstfrei leben«, München 2002*

Geld und Gefühle

Übung 19: Geld und Glück

- Wie sehr hänge ich an der Illusion, dass Geld auch Glück bedeutet? Bin ich bereit, dieses Missverständnis zu revidieren, wie es die Glücksforschung nahelegt?
- Welcher Teil meines Herzens hängt an Geld, welcher an Besitz?
- Welche Inhalte tragen mich?
- Mit welcher Strategie versuche ich, glücklich zu werden?
- Welche Pakte hab ich geschlossen, um erfolgreicher zu werden?
- Wie wichtig ist mir eine Therapie? Wie wichtig Glück?

Übung 20: Geld und Liebe

Gehen Sie wieder in Ihren inneren Raum der Entspannung und stellen sich auf eine Selbstbesinnung zum Thema Geld und Liebe ein, die sich von folgenden Fragen leiten lässt.

- Inwieweit glaube ich daran, mir mit Geld mehr Liebe zu sichern?
- Habe ich schon einmal wirkliche Liebe wegen Geld(mangel) verloren?
- Was kann ich mir mit Geld kaufen, das wenigstens nach Liebe »schmeckt«?
- Wofür ist mir Geld ansonsten noch Ersatz?

Übung 21: Geld und Angst

Nachdem Eintauchen in die innere Welt der Entspannung meditieren Sie über folgende Fragen:

- Wie realistisch ist es, in einem deutschsprachigen Land Angst vor Hunger, Durst, Kälte und Obdachlosigkeit zu haben?
- Welche Ängste kenne ich im Zusammenhang mit Geld, Armut und Reichtum?
- Wie geht es mir, wenn ich viel Geld mit mir herumtrage? Gibt das ein sicheres oder ein eher unsicheres Gefühl?
- Wie ist es, wenn ich gar kein Geld dabeihabe?
- Welches wäre der mittlere Weg, bei dem ich mich schon sicher und noch nicht gefährdet fühle?

Die Macht von Erbschaften

Auch ererbtes Geld hat eine andere Qualität als selbst verdientes. Die allermeisten Erben denken gar nicht daran, solches Geld auszugeben. Wer es versucht, erlebt seltsame Probleme und entsprechende Emotionen, wenn die Erblasser noch leben. Deren Vorstellung ist in der Regel, dass das Erbe zu (ver-)mehren oder wenigstens zu erhalten sei. Große Erbschaften haben außerdem eine Tendenz, die Erben zu belasten, statt sie durch die Möglichkeiten der Geldfülle zu befreien oder gar zu beflügeln und zu erheben.

Eine gutwillige Mutter aus gutbürgerlichen Verhältnissen, durch eigenen Geschäftserfolg reich geworden, reichte beim Tod ihres ebenso reichen Mannes dessen Vermögen gleich weiter an die drei Kinder. Als der solcherart früh reich gewordene Sohn zur verkrachten Existenz verkam, jedes Studium und alle Arbeit immer rasch abbrach, wie auch Beziehungen, schwante ihr, dass es etwas mit dem vermeintlichen Geldsegen zu tun haben könnte. Die psychologische Analyse ergab, dass der Sohn sich einfach gar nichts mehr gefallen ließ, weder von den Professoren der Uni noch von Vorgesetzten bei der Arbeit oder auch von Partnerinnen, weil er reich war und es nicht mehr nötig fand, sich zu bemühen.

Einer Tochter erging es letztlich nicht viel besser. Sie kaufte für ihre Familie ein schönes Haus und dachte, alles, was schon gut war, würde dadurch noch viel besser. Stattdessen rutschte die Beziehung in die Krise, weil es für ihren Mann, der sich bisher als Ernährer fühlen konnte, seelisch schwer zu verkraften war, sich von seiner Frau so beschenken zu lassen und vor allem seine zentrale Rolle als vorrangigen Geldbeschaffer zu verlieren. Er fühlte sich plötzlich wie ausgehalten und litt darunter.

Eine weitere Tochter geriet an einen Mann, der ihr das Geld mehr oder weniger abnahm und sie obendrein demütigte. Sie verlor wieder alles und überstand die Erbschaft dadurch fast noch am besten von den dreien.

In der Regel verlaufen Erbschaften natürlich anders, aber gar nicht unbedingt glücklicher. Sie zwingen die Erben mehr oder weniger deutlich in die Spuren der Erblasser, was von diesen nicht selten auch beabsichtigt ist.

Geld ebenso wie Macht stellt perfiderweise häufig einen Platzhalter für Anerkennung und Zuneigung, Liebe und Geborgenheit dar. Nirgendwo wird das so deutlich wie beim Thema »Schenken und Vererben«. Eine Erbschaft wird in der Regel von allen Beteiligten – Erblassern wie Erben, Schenkern wie Beschenkten, Stiftern wie Stiftungsbegünstigten – als Ausdruck der Wertschätzung empfunden. Psychologisch ist dabei erhöhte Vorsicht geboten.

Natürlich ist es schön, wenn echte Wertschätzung sich auch in materieller Zuwendung ausdrückt. Gefährlich wird es jedoch bereits, wenn materielle Zuwendungen nach dem Wohlverhalten der Beschenkten dosiert werden. Die Großmutter verspricht dem Enkel eine Eigentumswohnung für den Fall, dass er sein Staatsexamen in dem von ihr gewählten Ausbildungsfach macht. Wenn sie nun zu ihrem Enkel sagen würde: »Das ist ein Geschäft, und du kannst dieses Geschäft eingehen oder nicht«, wäre es noch ein fairer (Kuh-)Handel.

Das würde diese Art von Großmutter jedoch in aller Regel nicht machen. Vielmehr würde sie vielleicht sagen: »Du weißt, wie sehr ich dich lieb habe und wie sehr ich daran glaube, dass du ein besonders guter Chef für unsere Firma werden würdest. Auch dein Großvater hat dich immer besonders geliebt, und da wir wissen, dass du uns genauso liebst wie wir dich, sind wir sicher, dass das Studium der Ökonomie für dich das Richtige ist und du uns damit alle glücklich machen wirst. Und zum Examen bekommst du dann die große Penthousewohnung, in der du schon als Kind immer besonders glücklich warst ...«

Damit sind die Grenzen von Prostitution, Liebeskauf, Erpressung und anderen Straftatbeständen längst – völlig straflos – überschritten. Und noch viel schlimmer: Der arme Enkel ist in der Regel bei einer solchen Verquickung von Liebesbeteuerungen und Liebesbeweisen mit den Steuerungsmechanismen eines knallharten Vertrages emotional völlig überfordert. Er wird in nahezu 100% aller Fälle zu dem Ergebnis kommen, dass er doch zumindest ein wenig von der Liebe, die er von seiner Großmutter soeben empfangen bzw. zumindest in Aussicht gestellt bekommen hat, zurückgeben muss und das Studium beginnen, das ihm persönlich möglicherweise überhaupt nicht entspricht.

Immerhin könnte in diesem Beispiel der ebenso beschenkte wie beschränkte Enkel im Laufe seines Lebens noch mit der Großmutter in eine Auseinandersetzung treten. Noch bösartiger kann Geld im Vererbungsfall werden: »Wenn du die Firma weiterführst, wirst du Alleinerbe«, oder noch hinterhältiger: »Wer von euch Kindern einmal den Hauptteil des Vermögens erben wird, können wir euch erst sagen, wenn wir wissen, wie ihr euch entwickeln werdet.« Das ist schon bald die Höchststrafe. Denn wenn die Kinder moralisch nicht besonders gefestigt sind, was bei solchen Eltern eher wahrscheinlich ist, da sie wohl in jeder Hinsicht dazu neigen, Abhängige heranzuzüchten, ist die Verhaltensmanipulation vorprogrammiert.

All diesen Beispielen ist gemeinsam, dass hier Wertschätzung durch Geld ersetzt oder aber mit Geld vermischt wird. So kann der kompromittierte Nachkomme kein echtes »Was-bin-ich-wert« entwickeln, weil ihm die eigene Wertschätzung als von der materiellen Zuwendung seiner Umgebung abhängig dargestellt und suggeriert wird. Eine noch makabrere Variante ist die sogenannte »letzte Ohrfeige aus dem Grab«. Dabei wird denjenigen, denen jahrzehntelang etwas in Aussicht gestellt wurde und die entsprechend willfährig gemacht wurden, durch Enterbung gezeigt, dass sie jahrzehntelang sich auf eine (materielle wie emotionale) Zuwendung verlassen haben, die nur gespielt war. Der Erblasser reißt sich und den anderen die Maske vom Gesicht, was für ihn eine niederträchtige Befriedigung, für die überlebenden Erben aber eine gnadenlose Enttäuschung und möglicherweise eine wirtschaftliche Katastrophe ist, wenn sie sich in ihren finanziellen Planungen auf die Erbschaft eingestellt hatten.

Doch selbst wenn keinerlei böser Wille hinter den Erbversprechen steht, reduzieren sie die Wertschätzung meist auf die materielle Ebene. »Du bist mir so viel wert, dass du alles, was ich habe – was übersetzt meist heißt: ›Alles, was ich bin‹ – eines Tages erbst. Ich und alles, was ich habe, gehören dir.« Das sind die Aussagen hinter Schenkungs- und Erbversprechen. Aussagen, die letztlich zeigen sollen, wie sehr der Erblasser den Erben geschätzt hat und auch über seinen Tod hinaus schätzt. Das Dumme daran ist, dass in Familien dieser Art der Erbe seinen eigenen Wert am Geldwert festmachen wird.

Darüber hinaus nötigen angekündigte Erbschaften natürlich zu Dankbarkeit und Rücksichtnahme und somit zumindest indirekt dazu, die eigenen Vorstellungen vom Leben denen der Erblasser anzunähern, was wiederum auf Abhängigkeit hinausläuft.

Insgesamt sind große Erbschaften insofern eine Belastung und gleichzeitig immer auch eine Möglichkeit zu lernen, mit Geld (eigen-)verantwortlich umzugehen. Wirklich ruinös in vieler Hinsicht kann das Vererben wirklich riesigen Reichtums sein. Wenn eine Achtzehnjährige – wie die Onassis-Erbin – 16 Milliarden Euro erbt, ist die Frage, wie sich das auf ihre Partnerschaft auswirkt. Wie sollte sie einen Freund finden, der von dieser Tatsache unbeeinflusst bleibt? Wie ihr Hobby, Reiten, mit derselben Freude leben wie jemand, der sich nur ein Pferd, nämlich seines leisten kann oder es noch mit jemandem teilt? Die Erfolge solch reicher Erben sind in der Regel erkauft, und deren Seele weiß das auch, weshalb sie nie denselben Genuss daran hat wie jemand, der sich das Gleiche oder Ähnliches verdient hat. Die Onassis-Erbin hat einen Ausweg gefunden und einen reitenden Multimillionär geheiratet. So konnte sie wohl am ehesten sicher sein, dass es ihm nicht (nur) um ihr Geld ging. Allerdings verkleinert solch ein Vorgehen die Auswahl der Partner dramatisch.

Erbschaften können also das Leben erheblich erschweren und einengen – jedenfalls vom psychologischen Standpunkt – und für Unglück und Unwohlsein, schlechtes Gewissen und unfrohe Lebensstimmung sorgen; schlimmeren Falles behindern sie sogar das Selbstbestimmungsrecht der nächsten Generation und sorgen für Abhängigkeiten. Andererseits können sie eine große Herausforderung darstellen, das Geldspiel zu lernen, worauf Erben allerdings entsprechend vorzubereiten wären. Da die allermeisten mit den juristischen Feinheiten des Erbrechts überfordert sein werden, ist es hilfreich, sich professioneller Hilfe zu versichern, wie auch ich es bei diesem Kapitel getan habe.[11]

> **Übung 22: Erblasten**
> Lassen Sie sich in die innere Stille Ihrer Meditation sinken und ergründen – mit einiger Fantasie –, wie Sie in den verschiedensten Erbsituationen reagieren würden. Folgende Fragen können Sie dabei unterstützen:
> - Wie ist meine Situation in Bezug auf Erbschaft?
> - Warte ich (insgeheim) noch, und wie lange will ich noch warten?
> - Wie sehr bindet mich geerbtes Geld an die Spender und ihre Vorstellungen vom »richtigen« Einsatz des Geldes?
> - Könnte ich mein Geld, ohne Bedingungen daran zu knüpfen, an nächste Generationen weitergeben?

---

[11] Thomas Fritz: *»Wie Sie Ihr Vermögen vernichten, ohne es zu merken«*, Weil im Schönbuch 2007

Geldverhalten und Verdauung

Die innige Beziehung zwischen dem Edelsten und dem Unedelsten, zwischen Gold (bzw. Geld) und Kot ist altbekannt und erklärt sich auch aus dem Polaritätsgesetz. Märchen und Mythen künden seit ewigen Zeiten davon in Gestalt von Goldeseln, die Goldtaler speien und »scheißen«, von Gänsen, die goldene Eier legen, und von »Dukatenscheißern«. Der Teufel als Herr der Unterwelt bezahlt nicht selten mit Gold, das sich im Nu in einen Haufen dampfenden Kot verwandelt. Die alten Babylonier bezeichneten Gold als Kot der Hölle, die Azteken als Götterdreck. Für die Melanesier war ihr Muschelgeld der »Auswurf des Meeres« oder »Seekot«. Landet Vogeldreck auf unserem Kopf oder treten wir in Hundedreck, so hoffen wir auf Geldsegen. Träume von Kot verheißen (Psychoanalytikern) Reichtum. Dass *Geld* so schmutzig ist und trotzdem angeblich *nicht stinkt*, zeigt die Ambivalenz des Themas.

Nach alter Diebessitte hinterlässt der Dieb, der etwas auf sich hält, nachdem er *sein Geschäft (erfolgreich) verrichtet* hat, einen »Posten«, einen Haufen Kot am Tatort, als Entschädigung für das entwendete Geld. Die Mundart spricht von Goldregen bei Durchfall, von Goldadern bei Hämorrhoiden und nennt den After Goldgrube. Die Bankenwelt steht nicht zurück und weiß, womit sie arbeitet: Wer in Geldnot ist, gilt ihr als *verstopft*. Wer dagegen *flüssig* ist, kann mit ihrer Hilfe auch gleich *stinkreich* werden. Außerdem unterscheidet man harte von weicher Währung, als handle es sich um Stuhlgang.

Psychoanalyse und Alchimie kennen gleichermaßen den analen Charakter des Geldes. Die klassische Analyse erklärt den analen Bezug damit, dass Fäkalien die ersten selbständig erwirtschafteten Produkte des Kindes sind, sein erster »Besitz«. Unsere Beziehung zum Geld wird nach dieser Ansicht in der frühkindlichen Analphase programmiert. Geldneurosen und damit eng verbunden Verdauungsprobleme wurzeln demnach in der Art der frühkindlichen Erziehung zur Reinlichkeit. Der Kot als erster Besitz bringt das Kind auch in Kontakt mit einem Machtgefühl, wenn es entdeckt, wie sehr es die Mutter zufriedenstellt, wenn es brav auf den Topf geht oder sie im gegenteiligen Fall verärgert. So entdeckt es über seinen Kot sein Ich, indem es seine Macht über die Umwelt erfährt und erlebt, dass Besitz gleich Macht ist. Die anale Phase gilt der Psychoanalyse folglich als wichtiges Stadium der Ich-Bildung. Insofern kommt das Thema Besitz und Geld als dessen Vermittler schon früh ins Leben. Entwicklungsstörungen in dieser Phase ergeben das psychische Symptombild des Zwangs- oder Analneurotikers, der auch zu entsprechenden Geldproblemen neigt im Sinne von Sparsamkeit bis zum Geiz.

Nach Freud zeichnet diesen sogenannten Analcharakter eine konservativ bewahrende Haltung aus, die ihn lange an den Erziehungsmustern der Eltern festhalten lässt. Im Umgang mit der materiellen Welt im Allgemeinen und Geld im Speziellen entwickeln sich neben Eigenschaften wie Geiz auch Neid, Misstrauen, Zweifel, Grübelsucht und die Tendenz zu verzwickten Rationalisierungen sowie Prüderie und die Neigung zu sexueller Unterdrückung. In anderer Richtung sind es Gewissenhaftigkeit, Reinlichkeit, Ordnungssinn, Gründlichkeit, eine gewisse Steifheit wie auch Eigenwilligkeit bis hin zu Eigensinn. Als Reaktionsbildung kann es zum Gegenteil all dieser Qualitäten kommen von Unordnung über Verschwendungssucht bis zu Gewissenlosigkeit.

Der analen Entwicklungsphase geht die orale voraus, die durch Einverleiben beziehungsweise Nahrungsaufnahme charakterisiert ist. Wie der zurückhaltende, sammelnde Aspekt im Umgang mit Geld und Materie auf die Analphase zurückgeht, gehört der aufnehmende zur oralen. Insofern sind Nehmen und Geben schon ganz zu Beginn des Lebens von zentraler Bedeutung und bleiben es über das Geldspiel meist das ganze Leben über.

Die Parallele zwischen Nahrungsaufnahme bzw. Verdauung und Geldumgang im Sinne von Aneignen und Kaufen ist auch sprachlich deutlich. Bildhafte Ausdrücke wie *etwas aufschnappen,* jemandem ein Geschäft *wegschnappen,* etwas *aufgabeln,* gut *einnehmen* oder auch *Broterwerb* sind im Finanzbereich üblich.

Der nächsten Stufe, dem Verdauen, entspricht auf der finanziellen Ebene das Geldanlegen bzw. Investieren. Einige Menschen betrachten auch ganz konkret Essen als eine Art Wertanlage und die Verdauung als »Umsatz« mit dem Sinn von Vermögens-(bzw. Körper)zuwachs; die Medizin spricht sogar vom Grundumsatz. Den Gewinn zeigen dann wachsende *Polster.*

Die Verstopfung oder Obstipation, ein Zurückhalten der Fäkalien, entspricht auf der finanziellen Ebene dem Sparen, Sammeln bzw. Geizen. Menschen, die in dieser Phase fixiert sind, haben eine Abneigung, Dinge wegzuwerfen. Sie sammeln alles, unabhängig vom Wert. Ihren Darminhalt betrachten sie als erarbeiteten Besitz, dessen *Inhaber* sie sind und den sie deshalb nur ungern weggeben. Sozial handelt es sich meist um in vieler Hinsicht verschlossene Menschen, denen geordnete Verhältnisse über alles gehen. Sie sind häufig wohlhabend, selbstverständlich mit festem Wohnsitz, Einkommen und Stuhlgang.

Dem Stuhlgang oder Ausscheiden der Fäkalien entspricht im ökonomischen Bereich das Geldausgeben, Verkaufen und Produzieren. Sprachlich produzieren wir ja auch Stuhlgang.

Geldtypen und Stuhlgangsbereich

Hier zeichnen sich grundverschiedene Typen ab, die der psychoanalytisch geprägte Sexualforscher Bornemann[12] sehr drastisch benennt. Einem gilt schon jede Darmentleerung als Vermögensschwund und Verlustgeschäft. Er ist meist von einer pessimistischen Weltanschauung bestimmt.

Ein entgegengesetzter Typ empfindet die Darmentleerung und das damit einhergehende Loslassen geradezu ekstatisch. Es rettet seinen Tag und erscheint ihm als großer Gewinn. »Jede Darmentleerung ist eine schöpferische Leistung, ein ›großes Geschäft‹, ein ›Goldregen‹, ein ›Posten‹«, formuliert Bornemann.[13] Besitz ist bei dieser optimistischen Weltanschauung mit dem Gefühl von Kreativität und Produktivität verbunden. Wo das Problem des Ersten Geiz ist und auf der Körperebene Verstopfung, leidet Letzterer im unerlösten Fall an Verschwendungssucht bzw. Durchfall oder Diarrhö, was übersetzt Durchfluss heißt.

Es gibt also durchaus eine Entsprechung zwischen der Art der Stuhlentleerung und dem Geldausgeben. Der begeisterungsfähige spontane Typ, der gerne und leicht Geld ausgibt für Dinge, die Spaß und Genuss bereiten, und sich dabei wie ein Kind freut, erlebt auch den morgendlichen

---

[12] *Ernest Bornemann: »Psychoanalyse des Geldes. Eine kritische Untersuchung psychoanalytischer Geldtheorien«, Frankfurt 1977*
[13] *Ebenda, S. 50*

Stuhlgang wie ein Wunder. Ganz entsprechend versucht er im Finanzbereich gern auf spielerische Art Neues. Mit Vergnügen und Hingabe probiert er auch Spül-, Sitz-, Steh-, Plumpsklos und die »Freilichtbühne«.

Locker-flockig geht ein Dritter an dieses Thema bzw. darüber hinweg. »Geld hat man, darüber redet man nicht«. Auf beiden Ebenen wird gern viel *Wind* um nichts gemacht. Geldausgeben und Darmentleerung werden als Akte der Befreiung erlebt. Über so banale Notwendigkeiten und Notdürfte des Lebens erhebt man sich, wo möglich. Abstrakte Geldtransaktionen, die nur am Bildschirm des Börsencomputers sichtbar werden, sind ähnlich verlockend wie der Gedanke, Verdauungsvorgänge möglichst sauber und ästhetisch zu gestalten. Es könnte sogar auf Astronautennahrung umgestiegen werden, nach dem Motto »Weniger ist mehr« oder »Was gar nicht erst reinkommt, muss später auch nicht hinaus«. Man will sich die Hände da und dort nicht schmutzig machen. So wie in Geldangelegenheiten der abstrakte Weg über Scheck, Kreditkarte, Bankomat oder Onlinebanking bevorzugt wird, tendiert man auf analer Ebene zum vollautomatischen Hygieneklo: automatisiertes sofortiges Spülen nach Erledigung des »Geschäftes« mit – selbstverständlich – frischer Plastikfolie auf der (Klo-) Brille. Im Idealfall kann man einfach »abzwicken«, ohne dass es schmiert, weil der Stuhl nicht zu fest und nicht zu weich ist. Solche Typen sind auch Anhänger von ins Klo integrierten Bidetduschen mit anschließendem Trockenfönen …

Mehr Probleme mit sich und der Welt hat jener Typ, dessen Geldausgaben und Verdauungsaktivitäten starken Stimmungsschwankungen unterliegen. Unerfüllte Sehnsüchte nach Geborgenheit einerseits und andererseits Ängste, das wenige Erreichte auch noch zu verlieren, belasten Ausgabenpolitik und Ausscheidungsprozesse. Ökonomische und körperliche Verstopfung spiegeln sich in Verarmungs- und Verlassenheitsängsten. Schon die entsprechenden Babys trennen sich widerwillig vom wohlig warmen Matsch in den Windeln.

Stuhlgang braucht die sichere, vertraute Atmosphäre von zuhause und wird auf Reisen zum Problem. Geldausgaben kommen nur bei einem weichen »Polster« auf der Bank in Frage, und auf Reisen wird man hier seltsam sparsam. Die große Ängstlichkeit kann sich allerdings auch in Schiss ausdrücken und in der Überkompensation von Konsumräuschen und entsprechender Verschwendungssucht.

Eine weitere Spielart bietet der Spendentyp, der verdrängte Schuldgefühle mit oft heimlichen Spenden besänftigen muss. Das Thema Stuhlgang, welches mit der Tendenz zu Schiss wegen der Schuldgefühle belastet ist, und das Thema Geld sind tabu, äußerst peinlich und geheimnisumgarnt. Dass alles Erworbene irgendwann wieder loszulassen ist und alles, was oben reinkommt, unten auch wieder raus muss, kann mit Abwehr und Angst verbunden sein oder deprimieren. Daraus folgen nicht selten Oszillationen zwischen maßloser Geldverschwendung, was sich auf anderer Ebene in künstlich herbeigeführten Durchfällen im Sinne der Colon-Hydrotherapie spiegeln kann, und extremer Sparsamkeit, deren Pendant in einer die Lebensstimmung bestimmenden Verstopfung liegen mag.

Bekannt bis in die Comic-Ebene ist noch jener Typ, der sein Hauptvergnügen am Verdauungsvorgang vor allem am Aneignen bzw. Einnehmen oder Essen hat. Dagobert Duck ähnlich hortet und liebt er seine Schätze und brütet auf seinem Darminhalt, als handle es sich wirklich um goldene Eier. Wenn er dann doch einmal muss, reduziert er solche Loslassübungen auf das Wesentliche, das unbedingt Notwendige, das Unerlässliche. »Was man hat, das hat man« ist sein Motto. Zur Zurückhaltung in Geldangelegenheiten kommt eine konservative Vorliebe für Münzgeld. Die Devise »Wer den Pfennig nicht ehrt, ist des Geldes nicht wert« begleitet ihn. Das eigenhändige Wühlen in einer Schatztruhe würde großen sinnlichen Genuss bereiten, den das Ideal Dagobert Duck empfindet, wenn er zu Härtetest und Echtheitsprobe in seine Goldmünzen beißt.

Die Härte des Goldes entspricht natürlich der des Stuhlgangs. Ähnlich klamm wie beim Geldausgeben ist er auch auf der unteren Ebene, wo er sich gern auf viele kleine steinharte »Perlen« oder eben »(Edel)Steine« beschränkt, die sehr sorgfältig und achtsam abgesetzt und durchaus nicht überall verloren werden können. In freier Wildbahn hat er mit seinem trainierten Schließmuskel rasch ein Problem, oder er ist mit einem kleinen Spaten ausgerüstet und verschwindet im Dickicht.

Seinen »Schatz« vergräbt er dann, wie seine Goldbarren verborgen im Schließfach einer Bank liegen. Bei dieser Schatzgräbermarotte mag ein Überbleibsel aus archaisch-magischen Zeiten hereinspielen, wonach jemand über die Exkremente Macht über einen Menschen bekommen kann. Ausgeliefert will solch ein Dagobert-Duck-Typ jedenfalls keinesfalls sein.[14]

---

[14] *Nach Ernest Bornemann: »Psychoanalyse des Geldes. Eine kritische Untersuchung psychoanalytischer Geldtheorien«, Frankfurt 1977*

> **Übung 23: Geld und Verdauung**
> Tauchen Sie neuerlich in den bewährten inneren Entspannungs-Raum durch die drei bewussten Ausatemseufzer und Ihr Ritual des Lächelns in Augen, Herz und Bauch, und wenn diese lächelnde Entspannung Sie einhüllt, stellen Sie sich die entsprechenden Fragen und nehmen sogleich die ersten aufsteigenden Antwortgedanken wahr und wichtig.
> - Was spiegelt mein Essverhalten im Hinblick auf mein Kauf- und Konsumverhalten?
> - Was sagt mein Toiletten-Ritual über meine Ausgabenpolitik?
> - Machen Sie sich anschließend Notizen von den ersten Gedanken, die Ihnen helfen Ihre einschlägigen Muster zu entlarven.

Übung 24: Der Toilettenbesuch
Nehmen Sie die nächste sich bietende Gelegenheit eines Toiletten-Besuches wahr und erleben einmal sehr bewusst mit, welches Ritual, begleitet von welchen Gefühlen da abläuft. Haben Sie alles genau im Auge, vom gewählten Ort für dieses wichtige Geschäft der Erleichterung oder des Verlustes, über das Vorspiel und die Vorbereitungen bezüglich des entsprechenden Thrones bis zu den Empfindungen und Gefühlen beim eigentlichen Verlust- oder Befreiungsakt. Auch das Nachspiel verdient natürlich Ihre Aufmerksamkeit. Möchten Sie alles wieder ungeschehen machen? Halten Sie diesen Akt des Hergebens für so anrüchig, dass Sie sich danach den Allerwertesten gründlich waschen müssen? Oder reicht ihnen Klopapier – oder sollte es doch wenigstens Feuchtpapier, der geradezu unverwüstliche Schrecken aller Kanalisationen sein? Wussten Sie überhaupt, was für Verstopfungstendenzen Sie damit in die Welt bringen? Die Hände werden Sie sich ja jedenfalls in Unschuld waschen. Oder verzichten Sie auf die meisten dieser Rituale?
Meditieren Sie einmal ganz bewusst darüber, was Ihnen Ihr Toilettenritual verrät – lesen Sie dabei, oder wollen Sie es so rasch wie möglich hinter sich bringen, was macht die Geruchs- und Geräuschkulisse mit Ihnen? Stinkt Ihnen dieses große Geschäft, und wie anrüchig finden Sie demzufolge Ihre Geldgeschäfte?

Die 12 menschlichen Archetypen

Ähnlich wie man die Stuhlganggewohnheiten in Beziehung zum Geld bringen kann und sich so aus dem Stuhlgang auf den Geldumgang schließen lässt, ist das auch vom Typ her möglich. Das Archetypen-System der hermetischen Philosophie, das in all deren Disziplinen von der Alchemie über Tarot bis zur Astrologie Verwendung findet und auch die Grundlage meiner Krankheitsbilder-Deutung ist, lässt natürlich auch Schlüsse auf den Umgang mit Geld zu. Fast jeder kennt sein Sternzeichen und kann von diesem eine gewisse Prägung seiner Beziehung zur Materie finden. Der Wechsel von männlichen mit weiblichen Zeichen wird auch grammatikalisch deutlich gemacht.

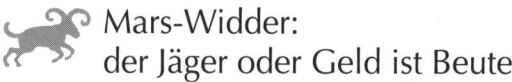

Mars-Widder: der Jäger oder Geld ist Beute

Für diesen archetypischen Jäger und Krieger hat Geldverdienen den Reiz des Beutemachens und ist oft befriedigender als Haben und Horten. Geld und Vermögen benutzt er gerne, um sich und seine Belange durchzusetzen. Es gibt ihm die Möglichkeit, seine Eigenständigkeit zu wahren, das Leben nach seinem Willen zu gestalten und sich nicht in »fremdem Revier« unterordnen zu müssen. Im Problemfall kann das zu einer egoistischen und aggressiven materiellen Lebensweise führen. Neben seiner Eigenständigkeit braucht dieser Mensch den Ausgleich der menschlichen Gemeinschaft.

Lernaufgabe: Teilen und die Grenzen des Du und der Mitmenschen respektieren lernen. Den Kampf als Vater aller Dinge anerkennen, aber auch die Liebe als ihre Mutter.

 Venus-Stier: die Sammlerin

Sie hat ein starkes Bedürfnis nach Sicherheit und Abgrenzung ihres Lebensbereiches. Besitz ist für sie Ausdruck ihres Selbstwertes und vermittelt das Gefühl, ihren Platz im Leben gefunden zu haben. Sammelnd und hortend, sichert sie sich nach allen Seiten ab und versucht um jeden Preis, Verluste zu vermeiden. Sie hält fest und allen Besitz zusammen. Geldverluste führen bei ihr schnell zu Existenzängsten. Im Idealfall benutzt sie ihr Geld, um das Leben in seiner Fülle zu genießen.

Lernaufgabe: Fließen lassen, loslassen, erkennen und akzeptieren, dass es keine absolute Sicherheit gibt.

Merkur-Zwilling: der Spekulant oder Geld ist Spiel

Der Umgang mit Geld wird als abstraktes Spiel erlebt. Hier ist der geborene Spekulant, der gern Milliardenbeträge in der Weltwirtschaft hin- und herschiebt, zu Hause. Der sinnliche Bezug zu Geld und dessen Wert hat für ihn kaum Bedeutung. Insofern kommt diesem Typ der moderne Verlust von Sinn und Sinnlichkeit beim Geld sehr entgegen. Konkret sind wir vom glänzenden Goldtaler über den Geldschein inzwischen bis zur Scheckkarte mit ihrem ungreifbaren Zahlencode und den seelenlosen Ziffern im PC gelandet. Der Computer hat das virtuelle Zeitalter eingeläutet. So konnte jenes virtuelle Geld entstehen, das heute der Spekulation Tür und Tor öffnet, ein Bereich in dem der Merkur-Typ sich seiner Art nach wohl und zu Hause fühlt.

Wenn Geld da ist, wird er es im Übrigen unter die Leute bringen, ist keines vorhanden, kann er sich auch mit Charme durchschnorren. Durch den fehlenden *sinn*lichen Aspekt von Materie mangelt es ihm oft an der Fähigkeit, mit Geld *sinn*voll umzugehen. Allerdings besitzt er die Fähigkeit, materielle Werte als natürliche Leihgabe des Lebens zu betrachten und auch so zu handhaben.

Lernaufgabe: Äußere Form mit Inhalt füllen, dem abstrakten Spiel Bedeutung geben.

 Mond-Krebs: der Versorger-Typ

Zu ihm gehören naturgemäß alle Kinder, die Anspruch darauf haben, bis zu ihrer Selbstständigkeit versorgt zu werden. In früheren Zeiten ebenso die Ehefrauen und Mütter, die finanziell von ihren Männern versorgt wurden und dafür »ein erfolgreiches, kleines Familienunternehmen leiteten«. Gehört *man* oder *frau* außerhalb dieser Muster zu diesem Typ, hofft sie fast immer auf Versorgung von außen; Geld haben die anderen, und sie sollen ihr etwas davon abgeben. Nicht selten begleiten sie Schlaraffenlandfantasien. Erst lässt man sich von den Eltern ernähren und durch die Schule füttern, später von der Alma Mater und schließlich von Vater Staat. Eine erwachsene selbstständige Entwicklung im Hinblick auf Geld bleibt dabei nicht selten auf der Strecke. Da sie ein sehr starkes Bedürfnis nach beschützender Geborgenheit hat, leidet sie an der Unsicherheit, die jede Art von materieller Abhängigkeit mit sich bringt. Im idealen Fall ist sie selbst Versorgerin bedürftiger Menschen.

Allerdings kommen die modernen PC-Zeiten mit ihrem Verlust sozialer Verbundenheit ihr gar nicht entgegen, sondern sind ihrer Wesensart fremd, da viel zu herzlos.

Lernaufgabe: Eigenverantwortlich sich selbst und andere versorgen.

Sonne-Löwe: der Kreative

Für diesen Menschen bedeutet Geld Ansehen bis hin zu Ruhm. Es ist Abbild und Ausdruck seiner Kreativität, seiner Talente und Fähigkeiten. Geld ist sozusagen konkreter Ausdruck seiner Größe und Stärke und verleiht ihm Selbstbewusstsein. So bringt dieser Typ viel Einsatz, um innerhalb seiner Möglichkeiten ein gewisses Maß an Reichtum und Luxus zu erreichen. Problematisch wird es, wenn dieser Prozess der Egostärkung durch Vermögen eine Eigendynamik entwickelt und zum Selbstzweck wird. Alles dreht sich dann nur mehr um das Eine, das eigene Leben und zwischenmenschliche Beziehungen bleiben auf der Strecke.

Dieser Typ war natürlich besser dran in Zeiten wie denen des Sonnenkönigs Ludwig XIV., der von sich noch sagen konnte: »L'état, c'est moi«, und wo der Louis d'or noch glänzenden Wert darstellte. Wo jeder Fürst ein kleiner Sonnenkönig war und seinen Goldschatz hortete, hatte der Löwetyp sinnlich noch viel mehr Freude am eigenen Glanz und Gold.

Lernaufgabe: freier Herrscher über die eigenen Ressourcen werden und nicht ihr Sklave; sich nicht als Zentrum der Welt, sondern als ihren schöpferischen Teil sehen, vom eigenen Ego abstrahieren lernen – statt (Ehr-)Geiz, Großzügigkeit entwickeln.

 Merkur-Jungfrau: die vorsichtige Absicherin

Sie ist auch auf materieller Ebene von der Erkenntnis geprägt, dass sie sich vernünftig an die Gegebenheiten und Notwendigkeiten des Lebens anpassen muss. Mit der ihr eigenen Vorsicht und Ängstlichkeit plant und denkt sie voraus und hat dabei immer auch die möglichen schlechten Zeiten im Blick, ist deshalb sparsam, nach dem Motto: »Spare in der Zeit, so hast du in der Not.« Aus diesem Grund ist sie auch Meisterin der Schnäppchenjagd und kennt die günstigsten Sonderangebote. Der Genussaspekt von Geld und Besitz ist für sie mehr oder weniger unbedeutend. Geld ist eine Lebensnotwendigkeit. Die absehbaren Probleme des modernen Geldsystems machen es ihr nicht gerade leicht, in der modernen Welt Vertrauen zum Geldsystem zu finden.

Lernaufgabe: Mehr Urvertrauen, weniger Angst, nach dem Motto: Seht die Vögel im Himmel, sie säen nicht, sie ernten nicht und leben doch, d.h. auch für sie ist gesorgt.

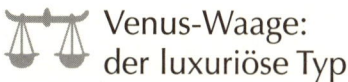 Venus-Waage: der luxuriöse Typ

Er braucht Geld für die schönen und verschönernden Dinge des Lebens, auch Luxus wäre ihm angenehm. Mit seinem ausgeprägten Sinn für Ästhetik und die Genüsse des Lebens strebt er ein Leben in Luxus an. Exquisites Ambiente ob beim Essen, Wohnen, auf Reisen, am Arbeitsplatz und bei der Kleidung hat seinen Preis. Und was er nicht aus eigener Kraft schaffen kann, gelingt manchmal noch über den entsprechenden Partner. Die moderne teure Welt der Luxusgüter kommt ihm durchaus entgegen, und auch die Schickeria und ihre Freizeitgesellschaft sind ihm wie auf den Leib geschneidert. Seine liebevolle und gewinnende, ja ausnehmend charmante Art kommt ihm diesbezüglich sehr zu Hilfe. Zumal ja auch die Liebe zu den allerschönsten Dingen des Lebens zählt. So ist diesen Menschen oft die Göttin der Liebe und Schönheit, Aphrodite, durch viele das Leben verschönernde Beziehungen hold. Nur verlassen sollten sie sich darauf nicht, sondern auch ihr musisches, kreatives und soziales Potenzial entfalten – mit dem auch in modernen Zeiten viel Geld zu gewinnen wäre.

Lernaufgabe: Eigeninitiative ergreifen und eigenes Geld verdienen.

Pluto-Skorpion: Geld ist Macht oder alles oder nichts

Hier handelt es sich wieder um ein typisches weibliches Prinzip, auch wenn das Wappentier männlichen Geschlechts ist. Ihr bedeutet Geld und Reichtum vor allem Macht. Je mehr sie davon besitzt, desto stärker und mächtiger fühlt sie sich. Geld gibt ihr auch die Illusion, dadurch das Leben und den eigenen Machtbereich unter Kontrolle zu bekommen. Missbraucht sie diese Macht, kann es passieren, dass sie mit einem Schlag alles verliert, um dann mit viel Einsatz wieder wie ein Phönix aus der Asche aufzuerstehen. Oft bekommt sie weitere Chancen vom Schicksal, anders mit ihrer Macht und ihrem Vermögen umzugehen. Der Wechsel zwischen Macht, Kontrolle und Ohnmacht lässt sie reifen, damit sie sich nicht in hybriden Allmachtsgefühlen verliert, denn in der Hybris lauert ihre Gefahr. Als späte Nachfahrin der großen Göttin kommt ihr das moderne System, wo Geld die Welt regiert und ökonomische Macht das einzige Kriterium des Lebenserfolges ist, eher entgegen.

Lernaufgabe: Macht haben und viel besitzen, heißt auch Verantwortung übernehmen und tragen, ihr Vermögen für eine gute Sache einsetzen.

Jupiter-Schütze: der Glücksspieler

Er ist der geborene Lottospieler. Auch wenn er noch nie etwas gewonnen hat, verliert er nur selten seinen beinahe grenzenlosen Optimismus und das Vertrauen in sein Glück, das vielleicht einmal zuschlagen könnte. Und ein Lotto-Sechser kann durchaus auch der für seine Ansprüche passende Partner sein. Sollte er den richtigen Jackpot wirklich einmal knacken, ist er allerdings der Typ, der das gewonnene Geld genauso schnell wieder in den Sand setzt mit Luxusvilla, Luxusjacht, Luxusauto und Super-Gewinn-Aktien oder mit seinen vielen »bedürftigen« Freunden, denn großzügig ist dieser Typ in jedem Fall. Aber es gibt ja immer wieder einen vollen Jackpot! Dieser Mensch setzt einfach auf das Motto: »Geringer Einsatz, hohe Belohnung«, was dazu führen kann, dass er es gar nicht zu Geld bringt und seine hohen Ansprüche zum Problem werden. In einer Welt, der ökonomisches Wachstum und Expansion alles bedeutet, hat er gute Karten.

Lernaufgabe: Das rechte Maß, Gerechtigkeit, Gleichgewicht zwischen Einsatz und Gewinn.

Saturn-Steinbock: die Sparmeisterin

Auch wenn das Wappentier wieder männlich empfunden wird, handelt es sich doch um ein weibliches Prinzip. Die an sich sinnvolle Eigenschaft »Sparsamkeit« wird bei ihr oft zu unangenehmem Geiz und armseligem Leben auf Sparflamme. Sie gönnt sich nichts und oft ihrer Familie auch nicht viel. Dabei besitzt sie die Fähigkeit, ein fast schon spartanisch bescheidenes Leben in Genügsamkeit zu führen. Schon der kleinste Luxus ist ihr Verschwendung und lenkt von den wesentlichen Werten des Lebens ab. Ihren Umgang mit Geld und materiellen Werten erhebt sie auch gerne zum Maß aller Dinge. So findet man hier jene Menschen, die als Millionäre im Armenhaus sterben. Andererseits wird man an ihrer Seite durch zahlreiche Notgroschen nie wirklich Not leiden. In der modernen Welt mit ihrer Verschwendung bleibt diesem Typ nur eine Außenseiterrolle oder die eines mahnenden Gegenpols.

Lernaufgabe: Geld und materieller Besitz sind Leihgaben des Lebens und müssen – wie das Leben – fließen.

Uranus-Wassermann: der Geld-ist-Freiheit-Typ

Ihm bedeuten finanzielle Möglichkeiten Unabhängigkeit und die Freiheit, seine extravaganten bis verrückten Ideen zu verwirklichen, die ihm wiederum alles bedeuten. Und obwohl dieser Typ nicht unbedingt mit beiden Beinen auf der Erde steht, sich eher in der Welt seiner »sensationellen neuen Ideen und Erfindungen« aufhält, kann diese Sehnsucht nach Freiheit durchaus dazu führen, dass er einige seiner Ideen umsetzt und so zu Geld kommt. Vorzugsweise benutzt er es dann vor allem für seine Freizeit, für die er immer mehr Geld braucht, weil er ständig neue Reize sucht. Dieser Freiheits-Freizeit-Zwang kann ihm zu einem unbeabsichtigten Gefängnis werden. Bis er sich irgendwann die Frage stellt: Statt Freiheit wovor Freiheit wofür? Die moderne Computerwelt mit ihrem Cyberspace und ihrer virtuellen Dimension entspricht seinem Wesen und eröffnet ihm ungeahnte Chancen.

Lernaufgabe: Unabhängig werden, nicht, um nichts mehr zu tun und zu müssen, sondern um das tun und sich leisten zu können, was dem eigenen Wesen entspricht.

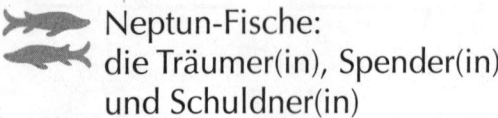

Neptun-Fische:
die Träumer(in), Spender(in) und Schuldner(in)

Hier findet man Menschen, die einen erstaunt, mit großen blauen Augen und verträumtem Blick anschauen, wenn sie erfahren, dass man für Bankkredite Zinsen zahlen muss – und das jedes Jahr. An den meisten von ihnen geht die harte Welt der Wirtschaft und des Kapitals wie ein (Alb-)Traum vorbei. Irgendwie sind diese Typen zu gut für die harte ökonomische Welt der Moderne. Wenn das böse Erwachen kommt und der Schuldenberg unübersehbar und erdrückend ist, finden sie sich häufig in einer mit Leid verbundenen Opferrolle wieder, und das, obwohl sie all das Geld nicht für sich ausgegeben haben, sondern viel davon verschenkt, auf Nimmerwiedersehen verliehen oder an die Armen der Welt gespendet haben. Der Kapitalismus mit seiner Weltdominanz und das Computer-Zeitalter werden für sie rasch zum Problem. Durch manches blaue Auge und mithilfe ihres starken Urvertrauens können sie es jedoch schaffen, auch in der materiellen Welt Wurzeln zu schlagen und nicht nur in der reichen Bilderwelt ihrer Seele.

Lernaufgabe: Der materiellen Welt den gleichen Raum zu geben wie der Seelen- und Fantasiewelt.

Übung 25: Persönliches Geld-Horoskop

Bevor sie in die Entspannung gehen, nehmen Sie ihr persönliches Horoskop zur Hand. Haben Sie noch kein solches, gibt es im Internet Adressen, wo man es sich kostenlos erstellen lassen kann. Die folgenden Fragen können anschließend mehr Klarheit bringen:

- Welcher Typ bin ich von meinem Sternbild, meinem Sonnenzeichen her, wie halte ich es demnach mit Geld, und wie lasse ich es los?
- Welcher Typ bin ich vom Aszendenten her, welcher von meinem Mond, und was folgt daraus?
- Welchem der Archetypen entspräche ich vom dargestellten Geldmuster am ehesten? Und welchem am liebsten?
- Was sind die daraus folgenden Lernaufgaben?

Spekulationen und Zinseszins

»*Es gibt Leute,*
die zahlen für Geld jeden Preis.«
Arthur Schopenhauer

Wenn der Großteil des zirkulierenden Geldes – wie im Moment – der Spekulation dient, ist etwas ins Ungleichgewicht geraten. Spekulation hat viel mit Gier zu tun und gilt schon von daher als schlecht, aber natürlich hat auch sie ihre gute Seite. Wir spekulieren, seit wir ein Großhirn zur Verfügung haben, alle mehr oder weniger, denn seitdem können wir vorausdenken. Vorausschauend wollen wir es uns natürlich möglichst gut gehen lassen und sehen auf unseren Vorteil. Wer irgendein Geschäft macht, spekuliert natürlich darauf, dass es ihm nützen und sich für ihn auszahlen wird. Wer ein Haus kauft, spekuliert darauf, dass es möglichst lange hält, wer heiratet, spekuliert darauf, dass die Beziehung seinem Glück dient und ihn so glücklich bleiben lässt, wie gerade im Moment der Heirat.

Je besser und schlauer jemand vorausdenken kann, desto größer sind die Verlockungen der Spekulation. Wer erkennt, dass zum Beispiel die Verknappung einer Ware deren Preis steigert, mag in Versuchung sein, bestimmte Waren in großen Mengen aufzukaufen, um so den Preis zu treiben und sie dann sehr teuer oder überteuert loszuschlagen. Mit dem Öl wird dieses Spiel schon lange betrieben, neuerdings auch mit Lebensmitteln. Deren Verknappung führt zum Verhungern vieler Menschen in den armen Teilen der Welt.

Solange wir unser Großhirn nutzen, neigen wir alle fast immer zur Spekulation. Wer würde sich nicht freuen, wenn das vor langer Zeit erworbene Grundstück im Preis steigt, wenn das Bild, das damals dem armen Maler aus Mitleid abgekauft wurde, zu einem unbezahlbaren Schatz wird? Dahinter steckt nicht einmal zwingend bewusste Spekulation, aber das Ergebnis der Freude ist doch der Spekulationsmentalität geschuldet.

Ich erinnere mich, wie wir uns freuten, als jemand uns für ein gerade erst erworbenes Haus fast das Doppelte bot. Es war direkt schwer, dem Spekulationsgedanken zu widerstehen und es trotzdem zu behalten. Spekulation macht also fast allen Spaß, und ihre Ergebnisse freuen die meisten. Lediglich wenn wir uns als deren Opfer fühlen, fangen wir gern an zu zetern.

Zum Wesen unseres kapitalistischen Wirtschaftens gehört auch Spekulation, und die betrifft sogar Menschen, wie der Begriff »human capital« zeigt. Die fünf Stufen der Eskalation des Geldverdienens mögen das deutlich machen.

1. Stufe: Man verdient Geld mit eigener Arbeit (Arbeiter, Angestellte).
2. Stufe: Man verdient Geld mit der Arbeit anderer (Unternehmer).
3. Stufe: Man verdient Geld mit dem eigenen Geld (Zinserträge).
4. Stufe: Man verdient Geld mit dem Geld anderer (z. B. Banken).
5. Stufe: Man verdient Geld mit dem Geld, das andere zukünftig haben werden.

Ob dieses Geld dann immer auch verdient ist, mag von moralischen und ethischen Gesichtspunkten unterschiedlich beurteilt werden.

Eng verbunden mit der Spekulation ist das Zins- und Zinseszinssystem, das wiederum als Kind der Polarität seine zwei Seiten hat. Ursprünglich als Tauschmittel erfunden, hat Geld inzwischen ein unglaubliches Eigenleben entwickelt: Es hat die größte und wirksamste Lobby weltweit, Geld ist die begehrteste Ware auf diesem Planeten. Es überschreitet alle Grenzen, schon lange auch die ihm ursprünglich von den Religionen gesetzten.

Denn als hätten sie die Konkurrenz zwischen Seelen- und Geldentwicklung geahnt, haben die Stifter neuer Religionen dem Geld Schranken gesetzt. Es wurde in der Entstehungszeit der großen Religionsgemeinschaften zumeist sehr niedrig eingestuft und in seiner Bedeutung weit hinter der der Seele zurückgestellt; das Verlangen von Zinsen etwa war streng sanktioniert. Den Muslimen und Christen war derlei völlig verboten, weshalb die Juden einsprangen, denen es aber eigentlich – laut ihrem und unserem Alten Testament – auch untersagt war. Auch Juden sollten eben nicht um das goldene Kalb tanzen, sondern sich nach den mosaischen Gesetzen um die Entwicklung ihrer Seele kümmern. Der »Tanz um das goldene Kalb« galt als Bruch des Bundes der Israeliten mit Gott. Gott Jahwe hatte Höheres mit ihnen vor als die Vergötzung von Reichtum und Macht. Allein das goldene Kalb war stärker und keineswegs nur bei den Juden.

Im Hinduismus und Buddhismus, die sich zueinander verhalten wie bei uns Altes und Neues Testament, wird der Weg der Mitte betont und Wert auf Ausgewogenheit gelegt. Östliche Menschen werden angeregt, nie mehr zu nehmen, als sie geben können, und vor allem immer nur so viel zu nehmen, wie sie zum Leben brauchen, was Akkumulation von Reichtum und Spekulation von vornherein ausschließt. Von Zinsen ist somit natürlich gar keine Rede. Seinen Mönchen empfiehlt der Buddha sogar völligen Verzicht auf Geld, ähnlich wie der heilige Franziskus seinen christlichen Anhängern.

Die Beschränkungen der Religionen hielten dem Charakter der Menschen nicht lange stand, das Geld entwickelte über die Zeit und weltweit eine derartige Eigendynamik und Faszination, dass es, statt als Tauschmittel zu *dienen*, sich zum Eigentlichen aufschwang und die Menschen zu seinen treuesten Dienern machte. Menschen haben eine natürliche und von allen Traditionen auch eingeforderte Tendenz zu Wachstum. Dieses aber fördert im ökonomischen Bereich die Geldentwertung, denn wenn alle auf allen möglichen Ebenen wachsen und mehr haben wollen, wird das die Preise steigen lassen und Inflation bedingen. Diese hält das Geld im Umlauf, aber nur, wenn Zinsen es ermöglichen, die Geldentwertung zu umgehen beziehungsweise noch zu übertrumpfen. Inflationsausgleich ist so das erste und legitime Ziel von Zinsen. Ich verleihe mein Geld nur, wenn ich dadurch sicher sein kann, dass es seinen Wert erhält und die Inflation ausgleicht.

An dieser Stelle kommt die Gier ins Spiel, die dafür sorgt, dass ich darüber hinaus mehr als den Inflationsausgleich, nämlich noch einen Gewinn für mich erwirtschafte oder herausschlage – je nach Sichtweise. Wichtig erscheint mir hier vor allem zu erkennen, dass es unsere eigenen Bedürfnisse und Ambitionen sind, die Wachstum und damit Inflation bedingen. Wir haben ja natürlich auch in anderen Bereichen eine Inflation der Ansprüche und des Ehrgeizes. Wer das ganze System als an sich schlecht verdammt, verkennt seinen Charakter und vor allem den Eigenanteil daran. Wachstum und Bedürfnisse sind nicht schlecht, aber es gibt gesundes Wachstum und Krebswachstum; beide sind natürlich, denn sie kommen in der Natur vor.

Die Spielwiese ist nicht an sich schlecht, es könnte höchstens sein, dass das gespielte Spiel nicht gerade sehr geeignet ist, zum Lernen beizutragen, oder dass die Spieler nicht sehr gut spielen und, statt die Regeln zu lernen, anfangen, aus deren Unkenntnis sich gegenseitig zu beschimpfen und zu verdammen.

Solch einfache Überlegungen mögen dabei helfen, aus der Projektionsleidenschaft auf Reiche und den Kapitalismus, auf Zinssysteme und Banken herauszufinden. Projektion brachte noch niemanden jemals weiter. All das ist Teil eines verständlichen Spiels, das es zu durchschauen gilt. Danach kann man sich immer noch entscheiden, ob man mitspielen und sogar dabei gewinnen und reich werden will oder ob man sich heraushalten und verzichten oder es sogar bekämpfen will, um ein besseres System zu schaffen. Dabei sollte man sich jedoch von vornherein im Klaren sein, dass in jedes neue Spiel mit neuen Regeln wieder der menschliche Geist mit seiner Gewinnlust und Gier, seinen Ansprüchen und Ambitionen hineinspielen wird.

Das Zinsspiel hat also durchaus seinen Sinn, heute aber zeigt es vermehrt seine Schattenseite und wie problematisch es in sich ist. Tatsächlich läuft es immer auf einen Zusammenbruch des jeweiligen Systems hinaus. Das berühmte Beispiel der Systemkritikerin Margrit Kennedy[15] mag das

---

[15] *Margrit Kennedy: »Geld ohne Zinsen und Inflation«, München 2003*

deutlich machen: Hätten wir zur Zeit von Jesu Geburt nur einen einzigen Pfennig mit vier Prozent Zinsen angelegt, wäre im ersten Jahrhundert nach Christus noch nicht viel daraus geworden. Selbst nach fünfhundert Jahren wären wir noch arm gewesen. Doch im Jahr 1750 stünde uns über Zins und Zinseszins bereits ein Goldklumpen vom Gewicht der ganzen Erde zu. Hätten wir etwas besser verhandelt und fünf Prozent Zinsen herausgeschlagen, wären wir »schon« im Jahr 1400 so weit gewesen. Im Jahr 1990 hätten uns dann bereits 2.200 Goldkugeln vom Gewicht der Erde zugestanden. Selbst wenn solche Rechnungen inflationsbereinigt deutlich milder ausfallen, zeigen sie doch die Grenzen des Zinssystems.

Es konnte sich bis heute nur halten, weil es zwischendurch immer wieder zusammenbrach und dabei viele um ihr Vermögen brachte. Langfristig ist die Zahlung von Zins und Zinseszins unmöglich, wie obiges Beispiel zeigt. Die dabei voraussehbaren Katastrophen führen zu viel menschlichem Leid, das wir uns ersparen könnten, wenn wir anders mit Geld umgingen und es wieder vorzugsweise im ursprünglichen Sinn als Tauschmittel einsetzen würden. Diese ganze Misere wird von Attac, jener Organisation, die sich im Kampf gegen die Geldspekulation gebildet hat, entsprechend kritisiert[16]. Die Themen im Umfeld der Globali-

---

[16] *Näheres zu diesem Ansatz findet sich unter: http://www.attac.de/ index.php*

sierung sind ausführlich in »Woran krankt die Welt«[17] beschrieben.

Was bedeutet das Dilemma nun für den Einzelnen? Muss er unbedingt sein Geld diesem Zins-und-Zinseszins-System überlassen, damit es weiter Geld verdient, oder gibt es sinnvolle Alternativen?

Die Zinslast

Das Heil-Kunde-Zentrum Johanniskirchen ist von der rein ökonomischen Seite nur deshalb seit 20 Jahren möglich, weil uns selbst ein zinsloses Darlehen gegeben wurde. Bei seiner Gründung blieb ein für uns damals erheblicher, fest zugesagter Betrag ebenso plötzlich wie unerwartet aus, was peinliche Bankgespräche usw. nach sich zog. Eine alte Freundin, die nebenbei davon erfuhr, bot ein Darlehen über einen noch etwas höheren Betrag an. Ich war ihr sehr dankbar, und da sie Geld im Überfluss hat, konnte ich auch guten Gewissens annehmen. Da »Krankheit als Sprache der Seele« schon zwei Jahre später zum Bestseller wurde, bekam ich das Geld schneller als erwartet wieder zusammen und wollte es ihr rücküberweisen. Sie aber antwortete, dass sie

---

[17] *Ruediger Dahlke: »Woran krankt die Welt«, München 2001*

das nicht erwarte und nicht wolle, ich solle es gern behalten oder für sinnvolle Zwecke einsetzen. Dieses Geld, immer wieder ausgeliehen, behielt über Jahre etwas von diesem Charakter bei. Es kam wieder zurück oder ging weiter und hat inzwischen schon einigen aus ähnlichen Patschen geholfen. Inzwischen ist es längst nicht mehr unter meiner Kontrolle, aber immer wieder höre ich von den Kreisen, die es gezogen hat. So wäre auch das eine Möglichkeit, Geld mit konstruktiven Botschaften beziehungsweise Schwingungen auszusenden. Es steht jedem frei, Geldfelder zu kreieren, die Freude machen und Entwicklungsprojekte auf den verschiedensten Ebenen fördern.

Wären wir auf Kredite angewiesen gewesen, müssten wir deren Zinsen bedienen und diese auf die Preise schlagen, was sie so ansteigen ließe, dass sich nur die wenigsten noch eine Krankheitsbilder- oder Reinkarnations-Therapie leisten könnten. Unser Konzept würde nicht funktionieren.

Durch Inflation und die Zinswirtschaft ergibt sich automatisch ein Wachstumszwang, der zum Beispiel mit einem Therapiezentrum kaum sinnvoll zu erreichen ist. Letztlich machen natürlich sehr viele Unternehmer Ähnliches, wenn sie Eigenkapital in ihre Firmen einbringen, die entscheidende Frage ist dabei immer: Muss sich dieses amortisieren, oder können sie darauf verzichten?

Hätten wir dagegen ein anderes zinsfreies Tauschmittel, könnten sich viele solche Projekte ergeben, die vielen Hilfe und zugleich befriedigende Arbeit bringen würden. Ein System ohne Zinsen könnte in diesem Sinn viel Wundervolles fördern im Bereich des gesellschaftlichen Zusammenlebens und der Verantwortung füreinander.

Um die Idee solch eines ganz anderen (zins-)freien Geldes überhaupt nur zu denken, bräuchte es schon einen deutlichen Bewusstseinswandel, von dem wir noch weit entfernt sind. Geld ist im Augenblick noch die heilige Kuh schlechthin. In der auf Zinsen aufbauenden Wirtschaft ist der Wachstumszwang die Garantie für Gier und letztlich Geldfixierung der dem System Unterworfenen. Viele Probleme können heute gar nicht wirklich verstanden werden, weil das Geldtabu den Blick verstellt. Kaum jemand weiß, dass in Deutschland in jeder Rechnung, die wir wo auch immer bezahlen, durchschnittlich bereits ca. 40% an Zinskosten enthalten sind. Wir zahlen also durchaus nicht nur Zinsen, wenn wir bei der Bank einen Kredit oder eine Hypothek aufnehmen, sondern unbemerkt ständig und bei jedem Geschäft und Einkauf. Das bedeutet, dass heute schon 40% der Arbeitszeit gebraucht werden, um Zinszahlungen zu bedienen. Hier liegt eine der Ursachen für den so enorm gestiegenen Druck im globalisierten Turbokapitalismus. Unternehmer erleben ihn als Druck auf die Produktivität der Arbeit und rationalisieren, was das Zeug hält beziehungsweise ihre Mitarbeiter aushalten. Da die Belastbarkeit Letzterer kurzfristig deutlich höher ist als langfristig, kommt es hier immer häufiger zu Burn-out-

Situationen[18]. Arbeitnehmer erleben also dasselbe Phänomen als wachsenden Druck auf ihre Zeit und Effizienz. Sie müssen in immer kürzerer Zeit immer mehr leisten. Letztlich werden Arbeitnehmer wie Arbeitgeber vom selben Phänomen unter Druck gesetzt und ihrer Lebensqualität beraubt. Hinter alldem ist unschwer die Zinswirtschaft auszumachen, mit dem Druck, der von ihr ausgeht.

Unter solchen Gesichtspunkten erscheint einiges klarer und anderes anders als erwartet. Nehmen wir das Gesundheitswesen, in dem angeblich ständig so viel Geld fehlt und wo an allen Ecken gespart werden muss. Das ist inzwischen allen klar, wenige aber wissen, dass am Bruttosozialprodukt gemessen die Gesundheitskosten weit weniger gestiegen sind als die Zinskosten. Das kann natürlich keineswegs all die katastrophalen Fehler und Fehlentwicklungen in diesem Bereich entschuldigen, zeigt jedoch, wie verschroben Diskussionen laufen, weil das Geld- beziehungsweise Zinstabu um scheinbar jeden Preis gewahrt bleiben muss.

Es handelt sich hier um einen sich selbst verstärkenden Mechanismus, der uns mit seinem exponentiellen Wachstum immer weiter in die Enge treibt. Natürlich muss das Ganze zwangsläufig irgendwann ein Ende finden und dieses Wirtschaftssystem wie seine Vorgänger zusammenbrechen. Das ist die bekannte Geschichte vom Krebs, der, bio-

---

[18] *Ruediger Dahlke: »Depression – Wege aus der dunklen Nacht der Seele«, München 2006*

logisch gesehen, so ungeheuer erfolgreich ist, und übersieht, dass er doch mit seinem Wirt zusammen untergehen muss. Unsere Volkswirtschaften rücken 60 Jahre nach dem letzten Zusammenbruch mit dem Zweiten Weltkrieg dem Punkt eines neuerlichen »Crashs« immer näher.

Es bräuchte einen eher unwahrscheinlichen kollektiven Bewusstseinssprung, um das zu erkennen. Einzelne können es aber gut durchschauen und sich dem Wahnsinn entziehen. Der persönliche weitgehende Ausstieg aus der Zins- und Schuldenwirtschaft ist – einen entsprechenden Bewusstseinssprung vorausgesetzt – durchaus möglich. Natürlich wäre »neutrales«, eben zinsfreies Geld kein Allheilmittel, andererseits könnte es vielen Menschen das Leben erleichtern und ihnen wieder erlauben, sich auf wesentliche Lebensaufgaben zu besinnen und Zeit für wirklich wichtige Dinge frei zu bekommen.

Der im Augenblick durchaus zu beobachtende Bewusstseinsschritt großer Bevölkerungsgruppen beim Klimaproblem spart leider bisher das Thema Geld noch weitgehend aus. Das müsste sich ändern, persönlich, um das eigene Leben in den Griff zu bekommen, kollektiv, um das der Gesellschaft wieder in heilsamere Bahnen zu lenken. Denn was wir immer ändern können, ist unsere innere Haltung zum Geld und seinem Erwerb. Wenn jeder in jedem Moment die Verantwortung für sich und sein Geld und die Art und Weise, wie er es verdient, übernimmt, hörten Neid und viele Probleme von selbst auf. Viele Wertungen veränderten sich, erfolgreiche Spekulanten erführen Mitgefühl und Bedauern, ebenso besonders clevere Geschäftsleute, die die sowieso nur selbstgesteckten Grenzen überschreiten. Allgemeine Anerkennung erführen dagegen die großen Spender erhebender Lebensfreude. Menschen, die ihr Geld für die eigene seelische Entwicklung arbeiten ließen, würden sich anschließend ganz automatisch auch um die Entwicklung anderer sorgen und diese fördern. Wir könnten ohne Weiteres und sofort aus den allgemeinen Abwärtstrends eine Aufwärtsspirale machen. Doch stattdessen gehen wir weiter über Leichen, und das auf Biegen und Brechen, und während wir den Widerstandswillen der Schwachen in der Dritten Welt brechen, brechen die eigenen Herzen und quälen wir die eigene Seele in der Ersten. Das ist durchschaubar, und der Einzelne kann aus diesem Strudel in eigener Entscheidung heraus.

Übung 26: Standortbestimmung

Lassen Sie sich vom ersten aufsteigenden Gedanken zeigen, wo Sie selbst in Bezug auf das gängige Geldsystem stehen.

- Wie faszinierend ist für mich selbst Spekulation?
- Auf welchen Stufen hab ich mit dem System des kapitalistischen Geldverdienens zu tun?
- Hab ich selbst schon mit Zinseszins spekuliert? Etwa wenn ich die Zinsen aus bei der Bank deponiertem Guthaben stehen lasse?
- Baue ich auf dieses System, um meine Zukunft finanziell abzusichern?
- Habe ich bezüglich der Sicherheit des Geldsystems Ängste?
- Oder glaube ich gar nicht an den sicheren Zusammenbruch des Geldsystems?
- Wäre ich selbst für ein besseres alternatives System zu Opfern bereit?

Übung 27: Zinsopfer oder Profiteur?

Lassen Sie sich noch einmal in die Tiefen der Entspannung sinken und klären für sich in einer Meditation, ob Sie selbst mehr zu den Profiteuren oder den Opfern des Zinssystems gehören und ob daraus Konsequenzen für Ihre Einstellung folgen.

- Wie realistisch sind Alternativen zum Zinssystem?
- Wir groß ist meine Hoffnung auf Patentrezepte für die Weltordnung und für meine eigene innere und äußere Ordnung?
- Hoffe ich auf äußere Lösungen, um mich innerlich nicht bewegen zu müssen?
- Wie könnte ich in meinem Leben Innen und Außen zusammenbringen und in Bewegung kommen?

Immobilien- und Börsenspiele

Ein Drama, das sich zigtausendfach in unseren Ländern ereignet und als Häuslebauer-Syndrom sogar in die Medizin Eingang fand: Ein Ehepaar kauft ein Haus, das es sich gar nicht leisten kann, mithilfe einer Bank, die das Geld vorstreckt. Die Bank ist geduldig, aber nicht ganz uneigennützig und lässt sich den Hauspreis über Jahrzehnte gleich mehrfach bezahlen. Wenn die beiden es nach langer Zeit geschafft haben, das Haus abzuzahlen, kommen sie häufig in die Krise, vor allem, wenn Hausbau ihr einziger Lebensinhalt war. Nach der Scheidung müssen sie das mehrfach bezahlte Haus in der Regel zum einfachen Preis verkaufen. Geht ihnen vorher die finanzielle Luft aus, fällt es oft an dieselbe Bank, die es dann wieder neu anbietet. Wenn sie Glück hat, findet sich wieder ein Paar, das es sich finanzieren lässt. Da mag einem Bert Brechts Äußerung einfallen: Was ist schon der Einbruch in eine Bank gegen den Besitz einer solchen! Dem Gesetz der Polarität folgend, hilft aber auch die Grameen Bank von Nobelpreisträger Junus wirklich Bedürftigen auf die finanziellen Beine.

Natürlich bringt das Projizieren auf Banken nicht weiter, sie sind lediglich Teil des Spiels, das es zu durchschauen gilt und das völlig legal ist, und so ergibt sich eine zweite Sicht. Obige ist die Perspektive der Enttäuschten, die sich getäuscht fühlen und sich doch nur selbst getäuscht haben. Der Wert einer Immobilie entsteht wie überall durch Angebot und Nachfrage. Immobilienpreise steigen mittel- bis langfristig fast immer, da Grund und Boden immer teurer und somit wertvoller werden. Im schlechtesten Fall der Pleite wird das Haus vom Gericht, d.h. von Vater Staat, zwangsversteigert. Anschließend wird die Restschuld an die Bank ausgeglichen. Den darüber erzielten Betrag erhalten die Hausbesitzer. Das passiert nur bei Streit der Ehepartner, also oft, aber die Bank kann natürlich nichts dafür. In der Regel findet ein freier Verkauf statt, z.B. über Makler, und somit wird der Preis neutral am Markt ermittelt. Gäbe es keine Banken, die dieses Spiel anböten, könnten viele Menschen ihr Bedürfnis nach einem eigenen Heim, dem sprichwörtlichen Eigenheim, gar nicht verwirklichen. Aus Sicht eines besser verdienenden Bürgers ließe sich das »Immobilienspiel« aber auch als das einzig Sinnvolle darstellen. Wer sich eine Immobilie leistet und sie beleiht, beteiligt sich am Inflationsspiel, und zwar fast immer auf der Seite der Gewinner. Ein Rechenexempel mag das illustrieren. Ich kaufe ein Haus für 100x, beleihe es bei der Bank mit 75x. Jetzt halte ich es, sagen wir, 30 Jahre. Bei einer Inflationsrate von 2% p.a., die ja bedingt, dass alles teurer wird, auch »Wohnen«, »Häuser« und damit auch mein Haus, ist mein Haus jetzt 160x wert, mit Zinseszinseffekten, die ich hier rechnen muss, weil auch die Inflation so rechnet, sogar über 180. Selbst wenn ich für den Kredit nur Zinsen gezahlt hätte und auf Tilgung verzichtet hätte, die Schuld bei der Bank immer noch 75x betrüge, hätte ich immer noch über 80x Gewinn gemacht bei einem Einsatz von 25x. Hier liegt der Grund, dass so viele mit Immobilien reich geworden sind. Sie gehören zu den Inflationsgewinnern. Wer in einer guten Lage gekauft hat, muss nur eines können: warten!

Aus Sicht Vermögender schaut das Immobilienspiel noch anders aus. Über 70% aller deutschen Millionäre sollen durch Immobilien reich geworden sein. D.h., sie besaßen Immobilien, die so sehr im Wert stiegen, dass bei einem späteren Verkauf viel Geld übrig war, was dann meist wieder in Immobilien angelegt wurde. Mehrfamilienhäuser in Stadtlagen überschreiten leicht die Millionengrenze. Der Besitz von Immobilien ist, wenn nicht selbst genutzt, durchaus legale Spekulation. Die Miete ist nichts anderes als ein Zins auf das eingesetzte beziehungsweise verbaute Kapital, weshalb man auch von Mietzins spricht. Und natürlich ist es nicht unanständig, Wohnungen zu vom Markt bestimmten Preisen zu vermieten. Jeder Mieter ist in seiner Entscheidung frei, welche Wohnung er mietet.

Ein Großteil der Menschen wohnt zur Miete, und diese macht oft 1/3 des monatlichen Budgets aus.

Diese Perspektiven mögen aufzeigen, wie unterschiedlich man ein und dieselbe Strategie sehen kann. Natürlich ist eine Immobilie unbeweglich, und Geld soll schließlich fließen, aber nicht den Bach hinunter. Durch die Unbeweglichkeit werden die Immobilien aber auch sicher, niemand kann sie davontragen.

Börsenspiele

Jedes massive Börsentief löst – zumindest in Deutschland – neuerlich Wutschreie Betroffener aus, die sich geprellt fühlen. Dabei ist das Spiel an den Börsen in seinem Prinzip leicht zu durchschauen. Börsenprofis kaufen am Tiefpunkt billige Aktien und warten, bis die Papiere wieder steigen, um sie, wenn es sich richtig lohnt, neuerlich zu verkaufen. Wenn die Kurse fallen, warten die verängstigten Laien zu lange, um dann in Panik auszusteigen, um wenigstens noch ein wenig von ihrer Altersversorgung zu retten. Dabei verlieren sie natürlich relativ viel Geld, während die Profis längst ausgestiegen sind und abwarten. Wenn der Kurs dann richtig am Boden ist, steigen Letztere wieder ein, und der Kurs steigt wieder allmählich. Das merken schließlich auch die Amateure, wobei sie, vorsichtiger geworden, viel zu spät und damit zu teuer einsteigen. Nach und nach treibt das den Kurs immer höher, und irgendwann verkaufen die Profis wieder, streichen ihren Gewinn ein, die Kurse fallen, und das Spiel beginnt von Neuem. In der Regel kommt noch erschwerend hinzu, dass die Profis entweder nicht mit eigenem Geld spekulieren oder gnadenlos reich sind und aus großer Ruhe heraus agieren, wohingegen die Kleinanleger es rasch mit den Nerven zu tun bekommen, wenn sie Teile ihres Schatzes oder gar ihrer Altersversorgung schwinden sehen. Sie haben also in jeder Hinsicht die schlechteren Karten und am Ende auch Nerven. Es ist auch nicht zu unterschätzen, welche Einflüsse die Profispieler und -spekulanten mit ihrem Geldvolumen haben und dadurch das Auf- und Absteigen der Aktien auf dem Markt bewirken. Das macht natürlich diejenigen nervös, die nicht mit ihrem »Spielgeld«, sondern mit ihrem »Einkommen« oder mit ihren »Reserven« agieren. Denn nur wer Krisen aussitzen kann, hat gute Karten.

Das Ganze kann man natürlich unfair finden, man könnte jedoch auch auf die Selbstverantwortung hinweisen, die ja auch in diesem Bereich gilt. Wer sich von Gier leiten lässt, ist immer schlecht beraten und hat schlechte Karten wie auch derjenige, der aus Not handelt. Das lässt sich – nur rascher – an jeder Spielbank erleben. Wer seine letzten 10.000 Euro einsetzt, um die Firma, Familie oder beides zu retten, wird sein Geld verlieren. Wenn dagegen ein Gunther Sachs mit großer Ruhe einen winzigen Bruchteil seines großen Vermögens einsetzt, soll er damit schon öfter die Bank gesprengt haben. Hier lässt das Resonanzgesetz grüßen.

Wenn ich mich als Amateur auf eine Spielwiese von Profis begebe, muss ich damit rechnen, den Kürzeren zu ziehen – vor allem wenn ich mich von Panik und ähnlichen Emotionen leiten lasse. Hinterher zu klagen – verbal oder juristisch – ist ebenso sinnlos, wie es von eklatantem Mangel an Eigenverantwortung zeugt.

Wer sich als Durchschnittsskifahrer einem Duell mit Hermann Maier auf der Streif in Kitzbühel stellt, sollte sich eigentlich hinterher nicht beschweren, dass er als Amateur gegen den Profi keine Chance hatte. An der Börse ist das ganz ähnlich. Was ich nicht kann, sollte ich lernen oder lassen. Es ist ein altes Lied: Wenn ich mitspielen will, muss ich die Regeln lernen und Lehrgeld zahlen, will sagen, mir von entsprechenden Profis helfen lassen, wissend, dass diese wohl zuerst sich helfen werden. Projektion bringt auch an der Börse wenig und ersetzt jedenfalls keinesfalls das Erlernen der (Börsen-)Regeln.

Wer mitspielen will, sollte zumindest auch wissen, dass die Börse nie Urlaub macht, man also selbst auch keinen mehr haben wird, was die eigenen Geldangelegenheiten angeht. Wer nicht ruhig schlafen kann, wenn sein Geld auf dem Spiel steht, sollte sich etwas anderes suchen, denn im Börsenspiel steht es natürlich jederzeit auf dem Spiel.

Übung 28: Geld und Wohnen
Lassen Sie sich wiederum in die innere Welt der Ruhe und der Seelenbilder sinken, lassen Ihre Wohnsituation vor dem inneren Auge auftauchen und stellen sich die folgenden Fragen:
- Auf welcher Seite bin ich beim Immobilienspiel? Mieter, Vermieter oder Besitzer?
- Wie fühle ich mich dabei?
- Wie wichtig ist mir eigener Grund und Boden?
- Wie wichtig ist mir mein Image – meine gesellschaftliche Stellung, und wie soll sie sich im Wohnen ausdrücken?
- Was bin ich bereit dafür zu opfern?

Übung 29: Spielfreudigkeit
Tauchen Sie in die erprobte Tiefenentspannung und stellen sich selbst folgende Fragen:
- Neige ich zum Spielen, und kann ich den Spieler in mir sehen?
- Oder bin ich nur neidisch auf diejenigen, die spielend ihr Geld verdienen?
- Neige ich zum verständnislosen Mitspielen und hinterher zum Jammern?
- Wie weit entferne ich mich für Geld von meinen Prinzipien und meiner Seele?

Auswege für überflüssiges Geld

Es gibt einige sichere Auswege, die das Geld – für die Seele unproblematisch – in Umlauf halten. Hier eine kleine, relativ beliebig zusammengestellte Auswahl solcher Ansätze.

Über verschiedene Kinder-Hilfsorganisationen kann man für Kinder in den armen Teilen der Welt Patenschaften übernehmen und ihnen durch monatliche, sehr überschaubare Zahlungen eine Zukunft schenken. Meine erste Frau macht das seit vielen Jahren mit viel Freude. Ich bin überzeugt, dass solche Projekte insgesamt und auf lange Sicht für alle Beteiligten die beste Rendite bringen.

Ein solches unter vielen ist das Konzept von Claudia Stöckl, der bekannten österreichischen Rundfunk- und Fernsehmoderatorin, in Kalkutta/Indien[19]. Zuwendungen an Kinder sind, besonders in diesem Fall von »Patenschaft« über Kontinentgrenzen hinweg, wohl noch die unproblematischste Herausforderung für das Ego. Und 30 Euro könnten hierzulande monatlich viele entbehren, ohne es überhaupt zu bemerken – in der vielleicht ärmsten Stadt Indiens aber

---

[19] *Info unter www.zuki-zukunftfuerkinder.at*

wird ein (kleines) Kind den Unterschied sehr wohl bemerken, und sein Leben wird einen anderen Lauf nehmen – in Richtung Geborgenheit, Gesundheit und (Aus-)Bildung.

Jedenfalls eröffnen sich hier sehr sichere Wege, mit »überflüssigem« Geld die Zukunft der Welt über die Unterstützung ihrer Kinder zu sichern. Solches Geld ist automatisch mit hoher Qualität angereichert. Je mehr »eigene« Kinder es schaffen, desto mehr Rendite bringt es den Herzen und Seelen. Was erst, wenn man alle Kinder dieser Welt als eigene wahrnehmen könnte? Das wäre die Chance, zur großen Mutter, zum großen Vater zu werden!

Eine interessante Variante erlebte ich bei einer Kursteilnehmerin, die sich Erstaunliches leistete und auffällig großzügig mit sich und ihrer Umwelt umging. Auf Fragen, wie das bei ihrem Beruf möglich sei, antwortete sie, sie lasse sich dieses Leben von ihren Erben finanzieren. Die sprachlose Reaktion auf diese überraschende Idee nötigte ihr weitere Erklärungen ab. Es stellte sich heraus, dass sie einfach ihr eigenes Geld ausgab, anstatt es zu vererben. Manchmal können die besten Lösungen sehr einfach und so naheliegend sein, dass man lange nicht darauf kommt.

Viel aufwendiger und – aus Seelensicht – in der Regel weniger befriedigend sind jene komplizierten Stiftungen, die darauf hinauslaufen, das Geld – am besten steuerfrei – dem eigenen Einfluss zu erhalten. Andererseits gäbe es natürlich auch die Möglichkeit, wirklich zu stiften in dem Sinn von loslassen und das gestiftete Kapital tatsächlich einem neuen, vom eigenen Leben unabhängigen und unterstützenswerten System zu überlassen.

In dem US-College, an dem ich kurze Zeit studieren konnte, waren viele der Gebäude und großzügigen Anlagen gestiftet und zwar meist von ehemaligen Collegeabsolventen. Das ist eine sicherlich für alle Beteiligten befriedigende Lösung. Reich gewordene und für ihre exzellente Ausbildung dankbare »Ehemalige« statteten ihren Dank an ihre Nachfolger ab, mit etwas Futter fürs eigene Ego in Gestalt einer Dankestafel an »ihrem« Gebäude und einer Einweihungsfeier zur eigenen Ehre. Wir Studenten kümmerten uns wenig um die Spendertafeln und wurden davon jedenfalls nicht abhängig oder auch nur beeinflusst.

Natürlich und zum Glück gibt es noch eine zunehmende Reihe ethisch vertretbarer Investitionen von alternativen Energie-Fonds über entsprechende Bildungseinrichtungen bis zu Naturschutzprojekten. Wer diesbezüglich sucht, findet ganz gut jene Projekte heraus, zu denen eigene Resonanz besteht. Ich wollte mit den Vorschlägen lediglich einen Rahmen abstecken mit Ideen, deren Wirksamkeit ich bereits erlebt habe.

Übung 30: Freigebigkeit

Bereiten Sie sich wieder mit den drei Ausatemseufzern auf eine entspannende Fragerunde vor und schicken Ihr Lächeln gleich in die Mitte der Brust. Wenn sich das Herz dem inneren Lächeln öffnet und für das Thema des Teilens erwärmt hat, mag es sein, dass es Ihnen deutlich größer und weiter vorkommt oder jedenfalls bewusster – das allein ist schon ein etwas längeres Verweilen und Genießen wert.

- Auf was kann ich verzichten, ohne wirklich zu leiden? Wie viel Geld kann ich erübrigen, ohne überhaupt die Konsequenzen zu spüren?
- Was hindert mich daran, in meine eigene Seele und ihre Entwicklung zu investieren, anstatt in Geschäfte, die mein Geld noch weiter vermehren sollen, mit oft zweifelhaften Auswirkungen auf die Seelenebene?
- Was hindert mich wirklich, diese Chance auszuloten und der eigenen Seele solch weitreichende Geschenke zu machen, während ich andere beschenke – vielleicht sogar noch bevor ich den tieferen Sinn auf der Ebene der Spielregeln verstehe?

Tipps zum Umgang mit Geld und Leben

»Was immer du tun kannst oder erträumst
zu können, beginne es.
Kühnheit besitzt Genie, Macht und
magische Kraft, beginne es jetzt!«
       Johann Wolfgang von Goethe

Die meisten dieser Tipps sind selbst erprobt, einige stammen aus dem empfehlenswerten Buch »Die 4-Stunden-Woche« von Timothy Ferriss[20]. Sie können Ihnen helfen, locker, leicht und mit links zu Geld und zu vielem mehr zu kommen!

- Auch wenn unsere Kultur dazu neigt, persönliche Opfer statt eigener Produktivität zu belohnen, können wir das für uns jederzeit ändern und anstatt ständig beschäftigt, immer mal wieder produktiv und erfolgreich sein. Das

---

[20] *Timothy Ferriss: »Die 4-Stunden-Woche. Mehr Geld, mehr Zeit, mehr Leben«, Berlin 2008*

ist eine Frage der Resonanz. Gehen Sie Pilze finden statt suchen!
- Die beliebteste Ausrede ist, ich mache es morgen, und wenn nicht morgen, dann irgendwann … Dagegen steht weiterhin die zeitlose Wahrheit: »Was du heute kannst besorgen, das verschiebe nicht auf morgen!«
- Die meisten Leute wählen lieber Unglück als Unsicherheit. Versuchen Sie es umgekehrt, denn Unsicherheit bietet Chancen.
- Was alle tun, muss gar nicht gut und erst recht nicht erfolgreich sein. Versuchen Sie, Ihre eigenen Wege zu gehen!
- Es gibt unendlich viele schwere Sorgen, doch die meisten von ihnen treten gar nicht ein, wusste schon Mark Twain.
- Das Häufige ist häufig, das Seltene selten! Es lohnt nicht, sich auf alle kleinsten Eventualitäten einzustellen. Um 95% einer Sprache zu lernen, braucht man ca. ein Jahr, um weitere 3% zu lernen ca. 10 Jahre. Die Frage ist, lohnen diese?
- Meistens gilt: Wovor wir am meisten Angst haben, das sollten wir am dringendsten tun – jedenfalls falls wir uns entwickeln und Erfolg haben wollen. Geschäftigkeit ist ein häufiger Weg, um Beängstigendem und Vorrangigem aus dem Weg zu gehen.
- Oft korreliert der Lebenserfolg erstaunlich mit der Bereitschaft, unangenehme Dinge zu tun und entsprechende Gespräche zu führen. Versuchen Sie es einmal mit ei-

nem solchen Thema pro Tag. So wird Ihnen der unangenehme Stoff bald ausgehen und sich stattdessen Erfolg einstellen.
- Wählen Sie sich ruhig große Ziele und hüten sich davor, die Konkurrenz zu über- und sich zu unterschätzen. Große Ziele mobilisieren alle Kräfte in Ihnen einschließlich der Neurotransmitter Adrenalin, Serotonin und Dopamin, die Sie auch durch große Krisen tragen können. Kleine Ziele mobilisieren dagegen nur wenig Energie und Neurotransmitter und führen nicht weit. Um herausragende Ziele und Projekte gibt es außerdem deutlich weniger Konkurrenz.
- Fragen Sie sich, was Sie wirklich »anmacht« und gehen dem nach. Wenn Sie angemacht sind, sind Sie tatsächlich angeschaltet. Bei allem anderen haben Sie zu wenig Energie zur Verfügung. Was Sie jedoch anmacht, entfacht in Ihnen ungeahnte Kräfte, die sich in einem beeindruckenden Neurotransmitter-Cocktail spiegeln, den Ihr Organismus ausschüttet, wenn sie sich angemacht fühlen.
- 80% Ihres Erfolges beruhen nach dem Pareto-Prinzip auf 20% Ihrer Aktionen. Finden Sie heraus, welche das sind, und minimieren Sie die übrigen 80%. Oft ist Zeitmangel und mangelnder Erfolg nur ein Mangel an Prioritäten. Seien Sie kritisch mit sich und fragen Sie sich, ob Sie hin und wieder Arbeit erfinden, um wichtigere lukrative Arbeit zu umgehen. Wenn ja, haben Sie ein Erfolgs-Sabotage-Programm laufen. Finden und ersetzen Sie es!

- Begrenzen Sie Ihren Einsatz auf die wichtigsten Felder (nach dem Pareto Prinzip), um Zeit zu sparen. Begrenzen Sie Ihre Arbeitszeit, um Ihre Arbeit auf das Wichtigste zu konzentrieren (Parkinsons Prinzip).
- Essen Sie nicht zu viel und zu falsch und informieren Sie sich nicht zu viel und zu falsch. Wenn Sie täglich die Zeitung lesen, stellen Sie um auf ein Wochenmagazin wie die »Zeit« und lesen dort nur, was Sie wirklich interessiert. Wenn Sie das bereits tun, suchen Sie sich einen guten Infodienst im Netz und überfliegen mit der Zeit nur noch die Schlagzeilen.
- Ertragen Sie keine Schwätzer, sonst werden Sie am Ende noch einer.
- Vergessen Sie Multitasking. Es ist wissenschaftlich erwiesen, dass Sie viel besser fahren, wenn Sie die Dinge konzentriert hintereinander erledigen.
- Wenn etwas nicht gut für Sie ist, lassen Sie es sofort sein. Das gilt für Essen, Informationssendungen, Filme, Vorträge, Bücher und vieles andere …
- Vergessen Sie allen Stolz und geben Sie Dinge auf, die nicht funktionieren! Stolz muss man sich leisten können, er kostet viel und sinnlos Geld.
- Nur wer gar nichts tut, macht keine Fehler. Machen Sie also ruhig Ihre Fehler – aber jeden nur einmal.
- Schützen Sie sich vor ständigen Störungen über Handy, E-Mails, Post usw. Leisten Sie sich Zeiten, die absolut frei davon sind. Bearbeiten Sie niemals zu ihren besten Zei-

ten – etwa am Morgen – relativ unwichtige Dinge wie E-Mails.
- Wechseln Sie (durch Abschalten) von Handy-Kommunikation auf E-Mails und reduzieren diese drastisch durch kurze sachliche Antworten und Nutzen der Löschfunktion bei allen, die es verdient haben. Das schafft Ihnen Zeit für Liebesbriefe oder was immer Sie wirklich wollen.
- Sorgen Sie dafür, dass Sie körperlich, seelisch und geistig fit sind. Essen Sie gut und wenig, morgens nüchtern einen Löffel »Take me«[21] mit viel Wasser, um Ihr Wohlfühlhormon Serotonin für den Tag sicherzustellen.
- Essen Sie nie mehr nach dem Abendessen und sorgen so für eine mindestens 12-stündige Verdauungspause, um genug Wachstumshormon (HGH) in der Nacht zu produzieren. Es fühlt sich an wie Kreativität und gute Ideen.
- Seien Sie mutig und scheren Sie sich nicht darum, was die Leute denken.
- Selbst wenn Sie vieles besser (zu) können (glauben) als der Rest der Welt, fragen Sie sich, ob es das wert ist.
- Die Oberstufe des Delegierens: Lassen Sie mit der Zeit andere all das machen und entscheiden, was diese können, sodass Ihnen zum Schluss wirklich nur das zu tun bleibt, was wirklich nur Sie können. Sie werden staunen, was die anderen doch so alles können und was das bringt, das nur Sie können.

---

[21] *Info unter www.heilkundeinstitut.at*

- Bevor Sie aber zu delegieren anfangen, sollten Sie eliminieren lernen, was wenig oder gar nichts bringt.
- Henry David Thoreau, der Naturphilosoph, sagte, jemand ist reich in dem Ausmaß, wie er sich leisten kann, Dinge sein zu lassen. Sie können vieles sein lassen und dabei nicht nur zeigen, wie reich Sie sind, sondern dadurch noch (erfolg-)reicher werden.
- Stellen Sie die richtigen Fragen zur richtigen Zeit. Ein Franziskaner sah einen Jesuiten im selben Zugabteil beim Brevierlesen rauchen. Etwas neidisch wies er ihn darauf hin, dass das verboten sei. »Im Gegenteil«, entgegnete der Jesuit, »ich habe die Erlaubnis des Heiligen Vaters.« Erstaunt wandte sich der Franziskaner später selbst an den Vatikan und erhielt eine Bestätigung des Rauchverbotes beim Brevier lesen. Wütend konfrontierte er den Jesuiten bei nächster Gelegenheit damit: »Ach entschuldige«, sagte dieser, »ich vergaß, du bist ja Franziskaner und hast sicher gefragt, ob du beim Brevierlesen rauchen darfst?« – »Natürlich!«, entgegnete der Franziskaner. – »Ach, du hättest nur fragen müssen, ob du beim Rauchen Brevier lesen darfst.«
- Oder fangen Sie einfach an, ohne zu fragen, und schaffen Sie Tatsachen in Ihrem Sinn. Entschuldigen können Sie sich immer noch ...
- Fragen Sie also gar nicht so viel um Erlaubnis, sondern bitten lieber später um Entschuldigung oder Verzeihung. Viele Leute sind sofort bereit, Sie zu stoppen, bevor Sie

begonnen haben, doch nur wenige wagen es, Ihnen in die Quere zu kommen, wenn Sie schon unterwegs sind.

- Zu viel und zu oft von allem, was Sie mögen, wird zu dem, was Sie gar nicht mögen – in Bezug auf Essen und Zeit, aber auch bezogen auf Geld. Das Polaritätsgesetz lässt grüßen!
- Wer mit wenig (Zeit-)Einsatz und viel Freude genauso viel *gewinnt* wie ein anderer mit großem Einsatz und entsprechender Quälerei *verdient*, ist mehr als doppelt so gut dran!
- Machen Sie sich klar, dass »verantwortlich« und »schuldig« nur aus sprachlicher Schlamperei synonym gebraucht werden. Übernehmen Sie Verantwortung, wo immer sich eine Gelegenheit bietet. Außer Ihnen wird es kaum jemand tun, was Ihren Erfolg und Ihre Position enorm fördert.
- Es gibt viele Wege und Methoden, aber nur wenige Prinzipien. Lernen Sie die Urprinzipien und finden Sie dann auf dieser Basis die richtige Methode, um ein Problem zu lösen und viel Geld leicht und Ihnen entsprechend zu verdienen.
- Lernen Sie ein Leben lang. Das wird Ihren Lebenserfolg verbessern, aber vor allem dem Leben viel mehr Qualität geben.

Nachwort von Charlie Chaplin

Aus der Schlussansprache zu »Der große Diktator«:

»Es tut mir leid, aber ich möchte nun mal kein Herrscher der Welt sein, denn das liegt mir nicht. Ich möchte weder herrschen noch irgendwen erobern, sondern jedem Menschen helfen, wo immer ich kann; den Juden, den Heiden, den Farbigen, den Weißen. Jeder Mensch sollte dem anderen helfen, nur so verbessern wir die Welt.«

»Wir sollten am Glück des Anderen teilhaben und nicht einander verabscheuen. Hass und Verachtung bringen uns niemals näher. Auf dieser Welt ist Platz genug für jeden, und Mutter Erde ist reich genug, um jeden von uns satt zu machen.

Das Leben kann ja so erfreulich und wunderbar sein, wir müssen es nur wieder zu leben lernen!«

»Die Habgier hat das Gute im Menschen verschüttet und Missgunst hat die Seelen vergiftet und uns im Paradeschritt zu Verderben und Blutschuld geführt. Wir haben die Geschwindigkeit entwickelt, aber innerlich sind wir stehen geblieben.

Wir lassen Maschinen für uns arbeiten, und sie denken auch für uns. Die Klugheit hat uns hochmütig werden lassen und unser Wissen kalt und hart.«

»Wir sprechen zu viel und fühlen zu wenig. Aber zuerst kommt die Menschlichkeit und dann erst die Maschinen. Vor Klugheit und Wissen kommt Toleranz und Güte. Ohne Menschlichkeit und Nächstenliebe ist unser Dasein nicht lebenswert. Aeroplane und Radio haben uns einander nähergebracht.

Diese Erfindungen haben eine Brücke geschlagen von Mensch zu Mensch, sie erfassen eine allumfassende Brüderlichkeit, damit wir alle eins werden.«

Veröffentlichungen von Ruediger Dahlke

Bücher

Die Lebensprinzipien (mit M. Dahlke). Arkana, 2011
Herz(ens)probleme. Goldmann, überarb. Neuausgabe, 2011.
Das Raucherbuch. Goldmann 2011.
Ganzheitliche Wege zu ansteckender Gesundheit. Co'med Verlag, 2011.
Fasten – Das 7-Tage-Programm. Südwest, 2011.
Von der großen Verwandlung. Crotona Verlag, 2011.
Vom Mittagsschlaf zum Powernapping. Nymphenburger, 2011.
Worte der Dankbarkeit und des Vertrauens. Schirner, 2011.
Essens-Glück. Schirner, 2010.
Das Schatten-Prinzip. Arkana, 2010.
Die Spuren der Seele (mit R. Fasel). Gräfe und Unzer, 2010.
Die Schicksalsgesetze. Arkana, 2009.
Sinnlich fasten (mit D. Neumayr). Nymphenburger, 2010.
Mein Programm für mehr Gesundheit. Südwest, 2009.
Krankheit als Symbol. C. Bertelsmann, überarb./ergänzte Neuaufl. 2008.
Krankheit als Sprache der Kinderseele (mit V. Kaesemann). Goldmann, 2010.
Die Psychologie des Geldes. Goldmann, 2011.
Depression. Goldmann, 2010.
Der Körper als Spiegel der Seele. Goldmann, 2009.
Das große Buch vom Fasten. Arkana, 2008.
Die Notfallapotheke für die Seele. Goldmann, 2009.
Vom Essen, Trinken und Leben (mit D. Neumayr). Haug, 2007.
Das große Buch der ganzheitlichen Therapien (Hrsg.). Integral, 2007.
Schwebend die Leichtigkeit des Seins erleben. Schirner, 2009.
Krankheit als Sprache der Seele. Goldmann, 1999.
Lebenskrisen als Entwicklungschancen. Goldmann, 2002.
Aggression als Chance. Goldmann, 2006.
Frauen-Heil-Kunde (mit M. Dahlke und V. Zahn). Goldmann, 2003.
Der Weg ins Leben (mit M. Dahlke und V. Zahn). Goldmann, 2004.
Krankheit als Weg (mit T. Dethlefsen). C. Bertelsmann, 1983.
Woran krankt die Welt? Goldmann, 2003.
Mandalas der Welt. Kailash/Sphinx, 2006.
Arbeitsbuch zur Mandala-Therapie. Schirner, 2010.
Mandala-Malblock. Edition Neptun, 1984.
Meine besten 50 Gesundheitstipps. Heyne, 2008.
Reisen nach Innen. Ullstein, 2004.
Das senkrechte Weltbild (mit N. Klein). Ullstein, 2005.
Gewichtsprobleme. Knaur, 2000.
Verdauungsprobleme (mit R. Hößl). Knaur, 2001.
Worte der Heilung. Schirner, 2005.
Wage dein Leben jetzt! Erhältlich über: www.heilkundeinstitut.at
Entgiften – Entschlacken – Loslassen. Erhältlich über: www.heilkundeinstitut.at
Meditationsführer. Wege nach innen (mit M. Dahlke). Schirner, 2005.
Fasten Sie sich gesund. Irisiana, 2004.
Von der Weisheit unseres Körpers. Knaur, 2004.
Habakuck und Hibbelig. Eine Reise zum Selbst. Ullstein, 2004.
Die wunderbare Heilkraft des Atmens (mit A. Neumann) Heyne, 2010.

Geführte Meditationen auf CDs (Goldmann-Arkana-Audio)
Das Gesetz der Polarität, Das Gesetz der Anziehung, Das Bewusstseinsfeld

CDs bei Goldmann-Arkana-Audio
Text und Sprache: Ruediger Dahlke, Musik: Claudia Fried und Bruce Werber
5 Selbsthilfe-Programme - CD(s) und Taschenbuch - zu den Themen:
Entgiften – Entschlacken – Loslassen, Mein Idealgewicht (3 CDs), Rauchen, Tinnitus und Ohrgeräusche, Angstfrei leben

Reihe »Heil-Meditationen« bei Goldmann-Arkana-Audio
Allergien, Angstfrei leben, Ärger und Wut, Bewusst fasten, Den Tag beginnen, Depression - Wege aus der dunklen Nacht der Seele, Der Innere Arzt (2 CDs), Die 4 Elemente, Elemente Rituale (2 CDs), Energie-Arbeit, Entgiften – Entschlacken – Loslassen, Frauenprobleme, Ganz entspannt, Hautprobleme (2 CDs), Heilungsrituale (2 CDs), Herzensprobleme, Kopfschmerzen, Krebs, Lebenskrisen als Entwicklungschance, Leberprobleme, Mandalas, Mein Idealgewicht, Naturmeditation, Niedriger Blutdruck, Partnerbeziehung, Rauchen, Rückenprobleme, Schattenarbeit, Schlafprobleme, Schwangerschaft und Geburt, Selbstliebe, Selbstheilung, Sucht und Suche, Tiefenentspannung, Traumreisen, Verdauungsprobleme, Visionen, Vom Stress zur Lebensfreude.

Kindermeditationen
Märchenland (Goldmann-Arkana-Audio), Ich bin mein Lieblingstier (Schirner Verlag)

CDs im Integral Verlag
7 Morgenmeditationen, Die Leichtigkeit des Schwebens, Erquickendes Abschalten mittags und abends, Schlaf – die bessere Hälfte des Lebens, Schutzengel-Meditationen, Die Heilkraft des Verzeihens

CDs mit Übungen zum Buch im LangenMüller/Hörbuch
Die Psychologie des Geldes, Die Notfallapotheke für die Seele

Hörbuch CD im Verlag Hoffmann und Campe
Der Körper als Spiegel der Seele

Vorträge von Ruediger Dahlke
Erhältlich über: www.heilkundeinstitut.at

Informationen zu Seminaren, Ausbildungen, Trainings, Vorträgen
Heil-Kunde-Institut Graz, Oberberg 92, A-8151 Hitzendorf, Tel. 00 43 - 316 - 719 88 85, Fax - 719 88 86; Internet: www.dahlke.at; E-Mail: info@dahlke.at

Informationen zu Psychotherapien, Beratungen, Seminaren
Heil-Kunde-Zentrum Johanniskirchen, Schornbach 22, 84381 Johanniskirchen, Tel. 0 85 64- 819, Fax 0 85 64 - 14 29; Internet: www.dahlke-heilkundezentrum.de; E-Mail: hkz-dahlke@t-online.de

Informationen zur Arbeit von Ruediger Dahlke: www.dahlke.at
Internetportal: www.mymedworld.cc, *Webshop:* www.heilkundeinstitut.at

Dank

Für Anregungen, Diskussionen und Ergänzungen danke ich meinen Freunden

Kurt Eicher, Balthasar Wanz, Joachim Schaffer-Suchomel und Hans Freydag;

meiner ersten Frau Margit danke ich dafür ebenfalls, vor allem aber auch für ihre urprinzipiellen und psychologischen Ausführungen; ihren Mitarbeitern im Heil-Kunde-Zentrum Johanniskirchen Christa Maleri und Gerald Misera gilt mein Dank für Korrekturen; für seine Ausführungen in Bezug auf Immobilienfragen danke ich Herrn Schulze-Oechterding, die erbrechtlichen Einlassungen verdanke ich dem Münchner Anwalt Dr. Thomas Fritz; Frau Aranka Kruse und Dorothea und Claudius Neumayr verdanke ich wertvolle Hinweise und Korrekturen; Frau Sabine Jaenicke verdankt das Buch seine Struktur und endgültige Form, dafür danke ich ihr. Meiner Partnerin Rita danke ich für Anregungen und die Ruhe, in der der Stoff Gestalt annehmen konnte.

Adressen

Heil-Kunde-Institut Graz
A-8151 Hitzendorf
Tel.: 0043-316-719888-5
Fax: 0043-316-719888-6
E-Mail: info@dahlke.at

Heil-Kunde-Zentrum Johanniskirchen
Schornbach 22
D-84381 Johanniskirchen
Tel 0049-8564-819
Fax 0049-8564-1429
E-Mail: hkz-dahlke@t-online.de

Register

A
Abhängigkeit 115ff.
Aktien 164
Altersvorsorge (s. auch Rente) 10, 164
Anale Phase 121f.
Angst 107f.
Arbeitslosigkeit 45, 72f.
Archetypen (menschliche) 133ff.
Armut 52, 57f.

B
Banken 102, 144, 150ff. 155f., 163ff.
Besessenheit 13f., 31, 37ff., 61f.
Börse(nspiel) 62, 101f., 126, 135, 163ff.

C
Chakren-Lehre 37ff.

E
Erbschaft 57, 67, 75, 90, 105, 113ff., 172

F
Freiräume 88ff.

G
Geiz 124, 127, 142
Geld, überflüssiges 171ff.
Geldgier 101ff., 147, 151f., 156, 167
Geldkurve 67ff.
Geldspiel 13, 24f., 27, 33f., 40, 63, 77, 118, 152f.
Geldverhalten 121ff., 133
Genuss 70, 86, 125f., 139, 145
Glück 13f., 52, 103f., 108, 110, 114

I
Immobilien(spiel) 163ff.
Inflation 58f., 151, 155, 164f.

K
Kapitalismus 24, 30f., 71, 144, 148, 153, 156
Karma 58
Krankheit 45ff., 61, 77ff., 81, 87, 98
Kredit 144, 155, 165

L
Lebensplanung 86f., 91ff.
Lebensqualität 28f., 70, 74, 80, 86f., 158f.
Lebensschule des Pythagoras 97
Liebe 105ff., 114ff.
Luxus 28, 68ff., 137, 139

M
Macht 27f., 30, 113ff., 140
Meditation 17, 26, 35, 47f., 62, 64, 66, 75, 82, 84, 95f., 100, 110, 112, 119, 145, 160f., 169
Miete 12, 169
Moral 56ff., 97f., 116, 149f., 173
Mysterium des Geldes 22f., 27f., 77

O
Orale Phase 123

P
Pareto Prinzip 178
Parkinsons Prinzip 178
Partnerschaft 55f., 64, 74, 113f., 118
Polaritätsgesetz 32f., 51ff., 82, 149, 181

Q
Qualität des Geldes 97ff., 104, 113, 121, 172
Quantität des Geldes 98, 100, 106

R
Regeln des Geldes 21ff., 27, 31f., 57f., 62f., 77
Religion 12, 28ff., 40, 52, 54, 73, 91f., 150f.
Rente 10, 86, 90
Resonanzgesetz 22, 25, 32f., 43ff., 65, 56, 83, 173, 175f.

S
Scheidung 52, 123
Schulden 144, 158

Seele 7, 11, 13, 24f., 37f., 52f., 58, 67, 78f., 89, 91, 93, 98f., 101, 103, 107, 118, 149f., 159, 171
Sozialismus 29
Sparsamkeit 128, 138, 142
Spekulation 147ff.
Spenden 127, 159, 172f.
Sternzeichen 133ff.
Steuern 12, 14, 66
Stiftungen 172f.

T
Tai-Chi 88
Tarot 37, 39f., 133

U
Unsterblichkeit 77f., 90f.

V
Verdauung 121ff., 133
Verlustangst 71, 109, 127
Verschwendungssucht 51f., 128, 121

Z
Zeit 77ff.
Zins 147ff., 165

Eine neue Sichtweise der Welt

368 Seiten.
ISBN 978-3-442-33856-6

Ruediger Dahlke beleuchtet alle geistigen Gesetze des Lebens, darunter das Gesetz der Polarität, das Gesetz des Anfangs, das Gesetz vom Teil und vom Ganzen sowie das Resonanzgesetz. Wer diese Gesetze kennt, lebt im Einklang mit dem Kosmos und kann sich unnötiges Leid ersparen.

Überall, wo es Bücher gibt und unter www.arkana-verlag.de